D1925650

Mosaik
bei GOLDMANN

Buch

Wolf W. Lasko geht davon aus, daß man zur Verwirklichung von Wünschen und Ideen lediglich Mut zum Handeln braucht, die Kraft, die gewohnten Grenzen zu überschreiten. Dabei müssen drei Voraussetzungen geklärt sein: Der Wunsch muß dem eigenen wahren Wesen entsprechen. Zudem muß die Fähigkeit, eigene Talente umzusetzen, entwickelt werden. Schließlich muß der Wunsch als Ziel definiert und mit aller Kraft angestrebt werden. Der Autor zeigt Strategien, mit denen diese Voraussetzungen verwirklicht werden können.

Beispiele, Tests und Übungen vermitteln Kenntnisse über das eigene Persönlichkeitsprofil und helfen zudem, neue Sichtweisen zu finden.

Autor

Wolf W. Lasko, Dipl.-Ing. und Dipl.-Kfm., ist seit Jahren Managementberater und Autor erfolgreicher Bücher mit den Themen Management und Karriereplanung. Zu seinen speziellen Beratungsschwerpunkten zählt die Umsetzung von Veränderungsprozessen in Unternehmen.

WOLF W. LASKO

Personal Power – Mut zum Handeln

Wie Sie bekommen,
was Sie wollen

Mosaik
bei GOLDMANN

Für Caty

Umwelthinweis:
Alle bedruckten Materialien dieses Taschenbuches
sind chlorfrei und umweltschonend.

Vollständige Taschenbuchausgabe Dezember 1998
Wilhelm Goldmann Verlag, München

Umschlaggestaltung: Design Team München
Umschlag: The Image Bank/Steven Hunt
Umschlaginnenseiten: The Image Bank/Donata Pizzi
unter Verwendung folgender Fotos:
Satz: Uhl + Massopust, Aalen
Druck: Elsnerdruck, Berlin
Verlagsnummer: 16166
Kö · Herstellung: Max Widmaier
Made in Germany
ISBN 3-442-16166-5

1 3 5 7 9 10 8 6 4 2

Prolog

Träume, Wünsche, Visionen – es spielt keine Rolle, welches Wort Sie benutzen, wenn Sie von den Dingen sprechen, die Sie in Ihrem Leben zu verwirklichen hoffen. Doch irgendwann stehen Sie vielleicht vor der Frage, ob es nicht doch nur Illusionen sind – nicht umsetzbar, nicht erreichbar, unbrauchbar für ein Leben in der Realität. Und Stück für Stück verabschieden Sie sich von all dem, was Ihnen ein erfülltes Leben versprach. Die Sehnsucht aber bleibt.

Was der Mensch denken kann, das kann er auch erreichen. Und das, worauf die Träume und Visionen aufbauen, sind Ihre Gedanken. Was aber hindert Sie daran, diese Gedanken Wirklichkeit werden zu lassen? Ist es denn so schwierig, Gedanken in die Tat umzusetzen?

Sicher, manches ist einfach nicht realisierbar, wenn die Voraussetzungen fehlen. Was nützt Ihnen der Traum von einem gefeierten Opernstar, wenn selbst das Wasser in der Badewanne sich kräuselt, sobald Sie die ersten Töne anschlagen? Diesen Traum sollten Sie getrost mit in den Schlaf nehmen, in Ihrem bewußten Leben hat er wirklich nichts verloren. Aber vieles andere von dem, was Sie sich vorstellen und erhoffen, ist durchaus zu erreichen, wenn die Übereinstimmung von drei wichtigen Voraussetzungen gegeben ist: Sein, Können und Wollen. Sein bedeutet, daß der Wunsch Ihren Talenten, Ihrem wahren Wesen entspricht. Können beinhaltet die Fähigkeiten und Voraussetzungen, um die Talente umzusetzen. Und Wollen heißt, den Wunsch als ein bewußtes Ziel zu definieren und dieses mit aller Kraft anzustreben.

Viele Menschen verwenden kostbare Zeit darauf, ihre Talente und Fähigkeiten zu erforschen, daraus Ziele abzuleiten und sie zu formulieren. Das ist gut und richtig. Doch obwohl sie aus ganzem Herzen dieses Ziel verwirklichen wollen und immer neue Strategien entwickeln, um es zu erreichen, bleibt der Erfolg aus.

Sollten Sein, Können und Wollen vielleicht doch nicht genügen? Gibt es womöglich eine geheime Zauberformel, die nur den Erfolgreichen der Welt bekannt ist? Nun, wenn Sie so wollen, es gibt etwas, was sofort jedes Ziel zunichte macht, wenn es nicht angewandt wird. Es ist die Brücke zwischen Theorie und Praxis: Handeln! Und das ist die Crux, die uns so häufig daran hindert, das zu leben, was wir sind, was wir können, und was wir wollen.

Handeln ist Risiko. Handeln treibt heraus aus dem gewohnten, bequemen, sicheren Leben und führt auf noch nicht gegangenen Wegen in unbekanntes Neuland. Nichts läßt im Menschen mehr Ängste, Zweifel und Unsicherheiten entstehen als der Schritt aus der vertrauten Umgebung. Alles in Frage gestellt, tausend Gründe sprechen dagegen. Der Verstand läuft Amok, die Gefühle wenden sich mit Grausen ab. Und mit vereinten Kräften ziehen sie uns zurück, sobald wir uns dazu entschließen, den Schritt zu wagen. Dann stehen wir wieder am Ausgangspunkt, zwar in Sicherheit, aber erfolglos, frustriert, verzagt.

Was muß eigentlich passieren, damit wir endlich das umsetzen, was wir im Kopf haben, damit wir endlich das erreichen, was unseren Träumen, Wünschen und Visionen entspricht? Eines ist sicher: Niemand kann Ihnen das abnehmen, was Sie selbst nicht wagen. Niemand kann Sie von den Sorgen, den Unsicherheiten, den ängstigenden Gedanken und Gefühlen des Zweifels befreien. Es sei denn, Sie selbst. Deshalb kann es nur die eine, wenn auch paradoxe Antwort geben: Handeln Sie!

Fähigkeiten haben Sie genügend, um tatsächlich das erreichen zu können, was Sie sich vorstellen. Wenn Sie den Mut zum Handeln fassen, wenn Sie sich Schritt für Schritt in unbekannte Gebiete wagen, werden Sie das gesamte Potential Ihrer Personal Power erkennen, nutzen und vergrößern. Weshalb also noch Zeit verlieren, wenn Sie einmal beschlossen haben, aufzubrechen? Sie können nur gewinnen!

Inhaltsverzeichnis

Ich wollte ja nichts als das zu leben versuchen, was von selber aus mir heraus wollte. Warum war das so schwer?
HERMANN HESSE

1 Die rote Linie

Das Geheimnis der roten Linie

Viele Menschen ruhen sich auf ihren Lorbeeren aus und merken nicht einmal, daß sich die Lorbeeren am falschen Körperteil befinden. Sicher, sie wissen, was sie in der Vergangenheit getan und erreicht haben. Sie wissen aber nicht, daß die Vergangenheit eine Gruft ist, in der sie verschwinden können, obwohl sie noch leben.

Wahrscheinlich aber können diese Menschen sehr genau sagen, was sie sich von der Zukunft wünschen. Und vielleicht können sie sogar erklären, wie sie diese Wünsche erreichen könnten. Doch es scheint, als vertrauten sie darauf, daß irgend jemand ihnen die Arbeit abnähme.

Wie jedoch kann es gelingen, das Denken in Handeln zu transformieren? Starten wir mit einem Experiment, das wohl all jene erschaudern läßt, die für den Genuß der angeblichen Sicherheit alles gäben. Es ist ein Appell an Ihre Kreativität und Intelligenz – vielleicht aber schon der erste Schritt zu einem Blackout.

Stellen Sie sich vor, in diesem Moment wird genau da, wo Sie jetzt sitzen oder stehen, ein Kreis um Sie herum gezeichnet, begrenzt von einer unsichtbaren roten Linie. Schauen Sie genau hin! Es ist eine magische Linie, die Sie nicht überschreiten können, die Sie gefangenhält in diesem Kreis, im Kreis Ihrer Gewohnheiten. Alles, was innerhalb des Kreises der Gewohnheiten liegt, ist Ihnen bekannt und vertraut; hier fühlen Sie sich sicher. Leider ist das auch der einzige Vorteil Ihrer Gefangenschaft. Denn im Kreis der Gewohnheiten gibt es kein Lernen, keine Entwicklung, keine Lebendigkeit. Doch jenseits der roten Linie liegt aufregendes Neuland. Hier warten neue Erfahrungen und Erkenntnisse darauf, entdeckt zu werden. Hier finden Sie faszinierende Herausforderungen, die Sie annehmen sollten, wenn Sie vom Leben mehr erwarten als Stagnation.

Nun, niemand hindert Sie daran, diese magische rote Linie zu überschreiten. Es gibt keine bösen Hexenmeister und keine fauchenden Ungeheuer, die sich Ihnen in den Weg stellen. Wollen Sie den Schritt über die rote Linie wagen, gibt es kein anderes Hindernis als die selbst konstruierten Ängste, die es nun zu überwinden gilt.

Alles in allem geht es bei diesem Experiment um ein Abenteuer der besonderen Art. Das Motto heißt: »Hauptsache, völlig daneben!« Sie sollen etwas tun, was Ihre Norm sprengt, was nicht zu Ihrer Rolle paßt, was Sie eigentlich nie tun würden. Irgend etwas, was niemand von Ihnen erwartet. Und um die Spannung zu steigern, tun Sie es am besten im Beisein anderer.

Hier geht es weder um ein Verhaltenstraining mit dem Ziel, besser zu werden, noch um eine Wertung des Tuns. Der Sinn dieser Übung liegt einzig darin, die eigenen Verhaltensmuster kennenzulernen. Wie reagieren Verstand und Körper, wenn Sie auf Neuland stoßen? Welche Gefühle werden dabei ausgelöst? Was passiert, während Sie den Schritt über die rote Linie wagen? Und was passiert, nachdem Sie es getan haben?

Ein paar Punkte sind beim Überschreiten der roten Linie zu beachten:

- Das, was Sie tun wollen, können Sie frei wählen.
- Die Länge der »Grenzüberschreitung« ist an keine Zeit gebunden.
- Es gibt keine Einschränkung.
- Sie sollen es hier und jetzt tun.
- Sie sind der einzige Akteur, verzichten Sie auf die Unterstützung anderer.
- Egal was Sie tun, tun Sie es nicht auf Kosten anderer Men-

schen oder irgendwelcher Gegenstände. Also ziehen Sie Ihrem Chef nicht die Ohren lang – das ist hier nicht gemeint.
- Tun Sie nichts, wobei Sie sich verletzen können.

Ich nehme an, Ihr Verstand arbeitet jetzt fleißig und sucht nach geistreichen Einfällen. Aber er bekommt keine Informationen, er zieht eine Leerschleife. Nun versucht er herauszufinden, ob eine solche Situation in der Vergangenheit schon einmal dagewesen ist, ob es etwas Vergleichbares gibt, um dann ein vertrautes Verhaltensmuster wiederholen zu können. Doch auch das führt meist zu keiner Lösung, denn es gibt bisher nichts Vergleichbares.

Der Verstand signalisiert: Gefahr in Verzug! Und sofort reagiert Ihr Körper. Kleine Adrenalinstöße setzen alle Streßreaktionen in Gang. Sie sind erregt, stehen unter Spannung. Spannung kann ein phantastisches Gefühl sein: Sie mahnt zur Vorsicht, verhilft zur erforderlichen Wachsamkeit und Aufmerksamkeit.

Doch mit zunehmender Spannung kommt eine gewisse Unsicherheit auf, vielleicht begleitet von hektischen roten Flecken oder vor Aufregung feuchten Händen. Die krampfhafte Suche nach etwas Vernünftigem geht weiter.

Eine der Wirkungen der Furcht ist es, die Sinne zu verwirren und zu machen, daß uns die Dinge anders erscheinen, als sie sind.
CERVANTES

Irgend etwas müßte doch da sein! Ihr Verstand ergeht sich in paranoiden Hochrechnungen. Mit missionarischem Eifer zeigt er auf, was alles Schlimmes passieren, was schiefgehen könnte. Und wie denken die anderen darüber? Werden sie lachen? Fazit: Was immer Sie auch tun werden, Sie können sich nur blamieren. Doch auf einmal kommen Ihnen brillante Ideen und völlig neue Vorstellungen in den Sinn. Sie werden ungeheuer kreativ. Zum Beispiel: Hose runter. Derart abartige Ideen dürften im mitteleuropäischen Management weit verbreitet sein.

Ich bin jedoch fast sicher, Sie tun es nicht. Und nachdem Sie mehrere solcher unschicklichen Einfälle verworfen haben, gelangen Sie langsam zu der Ansicht, daß dieses Experiment eigentlich gar nicht intelligent ist, sondern sogar ziemlich dumm. Natürlich könnten Sie mit Leichtigkeit irgend etwas in die Tat umsetzen, nur im Moment haben Sie keine Lust dazu. Sie können die Sache schließlich auch lassen und weiterlesen. Genau! Einfach nicht handeln, sondern weiterlesen. Ich weiß nicht, wie Sie mit diesem Unterfangen umgegangen sind. Wollten Sie vielleicht etwas tun und haben es doch nicht ausgeführt? Dann brauchen Sie jetzt ein Ventil, um sich abzureagieren, denn die Anspannung, der Streß ist noch nicht abgebaut. Sie können nun sauer werden und die aufsteigende Wut über Ihr Nichthandeln auf irgend jemanden projizieren, Sie können mit anderen über irgend etwas Belangloses reden, Sie können auch über die Menschen lachen, die solch ein Experiment wirklich durchführen.

Wenn Sie die rote Linie aber überschritten haben, werden Sie vielleicht sagen: »Hey, das war super!« Und Sie werden feststellen, daß Sie sich gelöst und entspannt fühlen. Die aufgebaute Spannung ist während des Handelns verschwunden, der Streß ist abgebaut.

Hier ist eine intelligente Oberlehrerfrage: Was hat das Spiel mit dem realen Leben zu tun? Wie sieht es im täglichen Leben mit der Auseinandersetzung zwischen Bewahrer und Innovator aus? Nun, wenn Sie die rote Linie tatsächlich überschreiten wollen, um an Ihr Ziel zu gelangen, werden Sie bestimmt eine weitaus größere Herausforderung spüren. Besonders dann, wenn Sie wissen, daß andere Menschen Ihre ungewöhnlichen Handlungen bemerken werden.

Dann stehen Sie vor Ihrer roten Linie, noch geschützt im Kreis der Gewohnheiten, und schauen auf die außerhalb liegenden Visionen, die für Sie einfach wichtig sind. Und während Sie über die notwendigen Handlungen nachdenken, werden Sie wie in der Übung Erregung und Spannung spüren. Denn dann, wenn Ihnen etwas unbekannt ist, wenn Sie vor Neuland stehen, ver-

setzt der Körper Sie in die Lage, sehr präsent, sehr wach zu sein, um auf das reagieren zu können, was auf Sie zukommt. Adrenalinstöße bereiten den ganzen Körper auf eine mögliche Aktion vor. Aber nicht das Ereignis an sich produziert die Adrenalinstöße, vielmehr sind Ihre Gedanken über das Handeln und das mögliche Ergebnis der Auslöser.

Das ist die Tragik eines normalen Mitteleuropäers: Der Verstand, der so unendlich hilfreich sein kann, erweist sich vor dem Überschreiten der roten Linie als Zensor. Er wird zum Großinquisitor, dessen paranoide Ideen den Befehl geben, alles beim alten zu lassen und auf keinen Fall ein Wagnis einzugehen.

Die Angst ist die Mutter aller Befürchtungen

Ihnen wird angeboten, im kommenden Jahr die Vertretung Ihrer Firma in Japan zu übernehmen. Sie haben eine Woche Bedenkzeit. Natürlich reagieren Sie voller Begeisterung auf dieses

Angebot, denn endlich scheint sich ein langgehegter Wunsch zu erfüllen. Sie sind ganz aufgewühlt und rufen abends sofort sämtliche Freunde an, um von dieser einmaligen Chance zu berichten. Bevor Sie zu Bett gehen, denken Sie an all die faszinierenden Dinge, die Sie kennenlernen werden. Und beim Einschlafen steht für Sie fest: Ich übernehme den Job. Am nächsten Tag überlegen Sie noch einmal gründlich, aber immer noch voller Enthusiasmus, welche Vorbereitungen zu treffen sind. Natürlich werden Sie einen Intensiv-Kurs für Japanisch besuchen und noch einiges für die Erweiterung Ihres Fachwissens tun. Dann stellen Sie eine Liste auf, was sonst noch alles zu regeln ist. Und abends legen Sie sich wieder schlafen mit der Überzeugung, in einem Jahr in Japan zu sein. Nun gehen Sie aber am folgenden Tag nicht direkt zu Ihrem Vorgesetzten, um diesen Entschluß mitzuteilen. Sie zögern und wollen die endgültige Entscheidung noch ein wenig aufschieben. Auf einmal spüren Sie eine leichte Anspannung, so ein unangenehmes Gefühl. Bis zum Abend stehen Sie dann richtig unter Streß. Und damit haben Sie den Zeitpunkt verpaßt, über die rote Linie zu gehen. Denn plötzlich empfinden Sie Furcht vor den Aufgaben, die auf Sie zukommen werden. In einem Jahr Japanisch lernen? Sie hatten schon mit Englisch einige Schwierigkeiten. Und ob Sie jemals mit der fremden Kultur vertraut werden? Sie werden Ihre Freunde verlassen und mutterseelenallein sein. Sie werden alles Vertraute hinter sich lassen. Jetzt überfällt Sie richtige Angst. Es ist nichts Bestimmtes mehr, woran Sie denken. Nur noch ein umfassendes, ungutes Gefühl des Bedrohtseins macht sich breit. Einen ganzen Tag lang schlagen Sie sich damit herum, dann entscheiden Sie sich gegen Japan.

Ein Held ist einer, der fünf Minuten länger tapfer ist als der gewöhnliche Mensch.
RALPH WALDO EMERSON

Viele Menschen denken zuerst über die möglichen negativen Auswirkungen ihrer Handlungen nach. Das nimmt ihnen den Mut, etwas zu riskieren. Doch je seltener sie den Mut haben, den Kreis der Gewohnheiten zu verlassen, um so größer wird die Angst vor jeder neuen Herausforderung. Und sie werden irgendwann passiv und lethargisch durchs Leben stolpern, ohne den geringsten Ehrgeiz zu entwickeln, mehr aus sich zu machen.

Wie oft lassen Sie in Ihrem Leben einfach Chancen verstreichen, statt etwas Neues zu wagen? Hätten Sie den Mut, die eine oder andere rote Linie im Leben zu überschreiten, wäre das ein sicherer Weg aus dem Kreis der Gewohnheiten. Lernen können Sie nur jenseits der roten Linie. Aber davor haben wohl die meisten von uns Angst. Jeder kennt doch diese intellektuellen Sackgassen, die zu nichts anderem führen als zu pseudorationalen Begründungen für das, was man gerade nicht getan hat. Und Sie kennen auch die Kompensations- und Vermeidungsstrategien, bei denen man sich mit Drogen, seien es nun der Alkohol oder das Fernsehen, so weit ausblendet, um zumindest für den nächsten Augenblick beruhigt zu sein. Aber welche Strategien wir auch fahren, die roten Linien bleiben bestehen. Und wir wollen einfach nicht einsehen, daß sie nur dazu gemacht sind, um überschritten zu werden.

Was passiert eigentlich, wenn ein Mensch nie bereit ist, über die rote Linie zu gehen? Egal, ob Sie sich für oder gegen das Überschreiten der roten Linie entscheiden, es kostet Sie die gleiche Menge Energie. Denn Streß werden Sie auf jeden Fall spüren, wenn Sie vor der roten Linie stehen. Doch sobald Sie den Schritt wagen, wird diese Energie in die Aktion umgesetzt und führt zu einem Ergebnis. Bleiben Sie aber stehen, dann brauchen Sie einen anderen Weg, um die Energie abzubauen. Und da gibt es nun verschiedene Möglichkeiten der Vermeidungsstrategien.

Intellektuelles Ausweichen

Viele Menschen verfallen auf die geniale Idee, sich zu rechtfertigen oder anderen die Schuld zuzuschieben. Rechtfertigung und Schuldzuweisung – ein interessantes Zwillingspaar, das zusammengenommen ungemein stark wirkt.

Bei der Rechtfertigung sieht es zumindest noch so aus, als hätten Sie sich bewußt gegen das Überschreiten der roten Linie entschieden.

Daß Sie gestern erst einmal die Steuererklärung erledigt haben, ist doch klar. Das ist ja nun wirklich wichtig. Schließlich geht's um bares Geld!

Die Feigheit tarnt sich am liebsten als Vorsicht oder Rücksicht.
SIGMUND GRAFF

Und es ist wohl selbstverständlich, daß Sie heute das Wetter nutzen, um Ihre Großmutter zu einem Spaziergang einzuladen. Der alten Dame tut es doch so gut, mal an die frische Luft zu kommen. Da muß das Überschreiten der roten Linie halt noch etwas warten …

Morgen werden Sie wohl den kleinen Riß im Garagendach flicken müssen, denn für die kommenden Tage wurden heftige Regenschauer vorhergesagt.

Sie können sicher sein, daß Sie jeden Tag einen neuen Grund finden, um im Kreis der Gewohnheiten zu verharren. Wer etwas vermeiden will, wird garantiert einen Weg dafür finden.

Der Himmel hilft niemals solchen, die nicht handeln wollen.
SOPHOKLES

Rechtfertigung bedeutet, daß Sie begründen, warum Sie etwas nicht getan haben. Und das in brillanter, wissenschaftlich belegbarer Art. Im Leben läßt sich alles beweisen. Sie kennen doch den Holzfäller, der seit geraumer Zeit ächzend und stöhnend versucht, einen Baum zu fällen?

> Wenn Sie ihn fragen, warum es so lange dauert, wird er ausführlich davon berichten, daß sein Sägeblatt stumpf sei, und wortreich erklären, warum er keine Zeit habe, es zu wechseln.

Die Schuldzuweisung ist aber noch wirkungsvoller, sie ist die beste Kampfformel zur Selbstverteidigung: Machen Sie doch einfach andere dafür verantwortlich, daß Sie nicht gehandelt haben!

Bestimmt wären Sie heute zum Zahnarzt gegangen, hätte Ihre Frau nicht darauf bestanden, daß Sie endlich den Wasserhahn in der Küche reparieren. Dabei ist der nun schon seit drei Wochen defekt, da wär's doch auf einen Tag auch nicht mehr angekommen. Aber um des lieben Friedens willen …

Wenn Ihr Chef Ihnen nicht erst heute mitgeteilt hätte, daß er die Fertigstellung des Konzepts schon in einer Woche erwartet, hätten Sie endlich den Konflikt mit dem Kollegen klären können.

Doch nun bleibt Ihnen leider nichts anderes übrig, als alle Kraft in die Ausarbeitung zu investieren.

Aber welche Rechtfertigung Ihnen auch immer einfällt, wieviel Schuld Sie anderen auch zuweisen, Tatsache ist, daß Sie nicht über die rote Linie gegangen sind. Tatsache ist, daß Sie Selbstrespekt verlieren und daß die Power des Lebens Ihnen nicht geschenkt werden kann. Denn Sie haben die Verantwortung für Ihr Leben in die Hände anderer gelegt.

Ersatz-Ausweichen

Wem Rechtfertigung und Schuldzuweisung zu schwierig sind, dem bleibt noch die Möglichkeit der Kompensation. Hier vermeiden Sie einfach jegliche Aktion. Sie setzen sich vor den Fernseher und erleben das, was andere Ihnen vorleben: Sie fliegen zum Mond, überqueren den Amazonas und lernen hochinteressante Menschen kennen. Video ist noch eine Steigerung. Wer zuviel Fernsehen für ungesund hält, der kann natürlich auch lesen. Hier bieten sich die sogenannten Groschenromane an, die ungefähr den gleichen Effekt erzielen. Ist es nicht herrlich, sich jede freie Minute in eine andere Welt versetzen zu können und abgelenkt sein von all den Dingen, die eigentlich wichtig wären?

Es gibt Menschen, die sich im Leben anderer besser auskennen als in ihrem eigenen. Die wissen immer, was ein anderer hätte besser machen können oder was er lieber nicht hätte tun sollen. Ja, die Nachbarin wäre besser beraten gewesen, wenn sie als Schreibkraft bei diesem tollen Konzern geblieben wäre. Aber nein, sie mußte sich ja selbständig machen. Und jetzt? Eine Unmenge Arbeit, fast nie Freizeit. Ich hätte mich da anders entschieden… Kennen Sie diese Gespräche? Die Kenntnisse mancher Leute über diverse Königshäuser möchte ich erst gar nicht erwähnen. Auf dieser Vermeidungs-Route brauchen Sie keine Angst zu haben, daß Ihnen irgend etwas passiert. Im sicheren Kreis der Gewohnheiten wird Ihnen das serviert, was andere erleben. Sie leben sozusagen second hand.

Die eigene Lebendigkeit wird getragen von dem Tun anderer. Doch wer immer getragen wird, verlernt am Ende das Laufen.

Vielleicht sitzen Sie aber auch zu Hause in Ihrer sicheren Welt und träumen von dem, was Sie tun könnten. Und damit der Traum nicht zu einem Alptraum wird, kompensieren Sie Ihr Nichthandeln durch bestimmte Sicherheitssysteme. Ein einfaches Beispiel: Rauchen. Es gibt zwar viele Gründe, warum Menschen rauchen, in diesem Zusammenhang ist aber die beruhigende Wirkung des Rauchens interessant. Das Einatmen des Rauchs verändert Ihr Gefühl, Sie kommen in die Nähe von meditativen Entspannungen. Als Nichtraucher können Sie natürlich auch in regelmäßigen Abständen den Kühlschrank überfallen. Essen verändert ebenfalls die Gefühlslage. Die nächste Stufe ist legitimiertes Trinken. Apotheker und Drogisten empfehlen Ihnen gerne eines der allseits bekannten Tonika zur Nervenberuhigung und Stärkung von Herz und Kreislauf. Eine angemessen hohe Dosierung bewirkt mit Sicherheit die erwünschte Gefühlsveränderung. Wem das nicht ausreicht, dem steht ein großes Spirituosenangebot zur Verfügung. Eine weitere Steigerung sind Drogen. Und dem gestreßten Zeitgenossen sind Schlaftabletten oder gar Beta-Blocker eine unschätzbare Hilfe.

Nur durch Mut kann man sein Leben in Ordnung bringen. VAUVENARGUES

Was auch immer Sie bevorzugen, leider haben alle diese aufgezeigten Kompensationsmöglichkeiten einen entscheidenden Nachteil: Irgendwann läßt die positive Gefühlseinwirkung nach, und Sie kehren in die Wirklichkeit zurück, in der einfach nichts passiert. Irgendwann werden die Träume, die nie wahr werden, nicht mehr ausreichen. Sie werden unzufrieden mit Ihrem Leben sein. Doch statt endlich aufzustehen und das eigene Leben zu gestalten, wird erneut nachgeholfen, um dem tristen Alltag zu entfliehen: Sie rauchen noch eine Zigarette, trinken ein weiteres Glas Wein, greifen zur nächsten Tablette, gehen noch einmal an den Kühlschrank und nehmen auch die x-te Seifenoper wichtiger als das eigene Leben.

Aber seien Sie sicher: Zwischendurch werden Sie immer wieder mit Ihrem eigenen Dasein konfrontiert, mit einem Dasein, das zur Routine geworden ist. Die Gewohnheit, die Sie festhält, wird zu einer Schutzschicht.

Ausweichen durch Vermeiden

Viele Menschen sehen einen tiefen Sinn in der Meditation, haben Freude am Sport oder sind mit Begeisterung bei ihrer Arbeit. Für manche sind diese Dinge aber nur ein geeignetes

Mittel, um notwendige Veränderungen zu vermeiden. Sie haben Angst vor dem Schritt ins Unbekannte, sie verweigern sich dem Leben oder wollen ihre eigene Unzufriedenheit nicht fühlen. Diese Menschen kriechen vorsichtig durchs Leben, um Risiken zu vermeiden. Nun ja, wer kriecht, kann wenigstens nicht stolpern … Doch der Streß bleibt.

Da ist der Ingenieur, der bis in die Nacht hinein arbeitet, um nicht immer wieder darüber zu grübeln, daß seine Ehe längst keine mehr ist, daß er zu wenig Mut hat, sein gewohntes Leben zu verändern. Der frustrierte Angestellte verbringt täglich Stunden beim Joggen, beim Bodybuilding oder wo auch immer, um nur keinen Gedanken an sein langweiliges Leben aufkommen zu lassen. Und die schüchterne Studentin hat sich ganz der Meditation verschrieben, weil sie viel zu wenig Mut und Sicherheit hat, um das Leben zu genießen.

Der Ingenieur, der Angestellte und die Studentin betäuben sich mit der Droge des Tuns. Sie flüchten in eine Beschäftigung. Nicht weil sie ein sinnvoller Bestandteil des Lebens ist und sie weiterbringt. Nein, sie tun irgend etwas, um gar nicht erst mit ihrer roten Linie konfrontiert zu werden. Sie verleugnen schlicht jedes Wachstum.

Für welche der drei Vermeidungsstrategien Sie sich entscheiden, Sie tun es, um etwas anderes nicht zu tun. Irgendwie versuchen Sie, Streß und Frust abzubauen. Aber jeder Versuch bringt nur kurzfristige Erleichterung, denn die rote Linie liegt immer noch vor Ihnen.

Wer sich nicht in Gefahr begibt, kommt dennoch um

Zweifel, Ängste und Sorgen sind Energieformen, die Signale setzen, um über unsere angeborenen Fähigkeiten hinauszuwachsen. Das Überwinden der Selbstzweifel führt in die Handlung. Nur vorher und nachher hat der Verstand die Kraft für Negativität, fühlt sich zu Gewohnheiten, dogmatischem Denken und eingefahrenem Verhalten hingezogen.

Wovor einer Angst hat, daran wird er sterben.
AUS SPANIEN

Es gibt einen Moment beim Überschreiten der roten Linie, der die paranoiden Hochrechnungen des Verstandes hervorzaubert, einen Moment der Unsicherheit, den jeder Artist am Trapez tausendfach erlebt hat. Mit einem Sprung verläßt er die Sicherheit, bleibt für Sekundenbruchteile ohne Halt, bis er die Hand seines Partners ergreifen kann, auf die er zufliegt. Nicht mehr gehalten von der Sicherheit der Gewohnheit und noch nicht in der Sicherheit des Neulands – der Gedanke an diesen Augenblick der Unsicherheit macht angst. Doch glauben Sie mir, im Moment des Loslassens, in der Handlung selber, ist der Verstand naturgemäß auf kraftvolles, funktionierendes Denken programmiert.

Leben Sie das Risiko, es schafft neue Erkenntnisse! Holen Sie sich das vom Leben, was Sie eigentlich verdienen! Und denken Sie daran: Im Kreis der Gewohnheiten findet mit Sicherheit vieles statt, aber kein Wachstum. Sicherheit gibt es nur in der Vergangenheit, in der Zukunft ist alles Risiko. Risiko gehört zum Leben wie der Punkt unters Fragezeichen. Und Menschen, die jedes Risiko scheuen, gehen das größte Risiko ein.

Wenn Sie einmal den Mut gefaßt haben, die rote Linie zu überschreiten, wird dieser Erfolg, dieses Glücksgefühl, jede neue Herausforderung leichter machen. Das soll aber nicht heißen, daß es Ihnen im Leben immer gelingen wird, die rote Linie zu überschreiten. In manchen Lebenssituationen werden Sie einfach zu viel Angst haben. Respektieren Sie Ihre Feigheit, und stehen Sie zu Ihrer Mutlosigkeit! Aber lassen Sie sich niemals davon abhalten, es bei der nächsten Gelegenheit wieder zu versuchen.

Natürlich kann es Ihnen manchmal passieren, daß Sie mit

aller Macht gegen die rote Linie laufen und wie von einem starken Gummiseil zurückgezogen werden. Wer in seinem Leben stets nach vorne geht, nie anhält, steht immer auf einem Bein und kann schnell umgeworfen werden. Wenn Sie aber wirklich bereit sind, die rote Linie zu überschreiten, macht es vielleicht Sinn, sie eine Weile aus der Entfernung zu betrachten und die Handlung neu zu überdenken. Und dann holen Sie tief Luft und brechen mit ganzer Kraft aus dem Kreis der Gewohnheiten aus. Holen Sie sich das, was Sie für ein erfülltes Leben brauchen. Je häufiger Sie es schaffen, über die rote Linie zu gehen, um so intensiver leben Sie, um so mehr können Sie Ihren Erfolg ausbauen. Wer auf dem Status quo aufbaut, hat schon verloren.

30 Zentimeter

Egal was Sie tun wollen, um im Leben weiterzukommen und zu wachsen, es gibt nur eins: Tun Sie es! Man muß ein Ende machen, will man anfangen. Jedes Weiterkommen beginnt mit einem kleinen Schritt. Das Geheimnis des Erfolges liegt vielleicht in dem kleinen Unterschied von 30 Zentimetern! Als es darauf ankam, ist er von seinem Stuhl aufgestanden. Er hat sich im richtigen Moment um ganze dreißig Zentimeter bewegt und hat das gemacht, wozu manch anderem der Mut fehlte. Er hat sich für eine Sache engagiert und war bereit, ein Risiko zu tragen.

Wer aufgehört hat, besser zu werden, hat aufgehört, gut zu sein.
HARTMUT EKLÖH

Als der Chef das Schreibbüro betrat und die Damen fragte, welche denn die Urlaubsvertretung seiner Sekretärin übernehmen wolle, stand eine auf. Vier Wochen lang Überstunden statt Schreibbüro-Bequemlichkeit. Sie ging das Risiko ein, den Anforderungen des Chefs nicht gewachsen zu sein. Heute ist sie seine Sekretärin, weil die Vorgängerin pensioniert wurde. Wer sich nicht beweist, kann seine Fesseln nicht lösen.

Als er sich eine Fernsehsendung ansah, in der Menschen und ihre Erfolge vorgestellt wurden, fragte er sich: Warum eigentlich nicht? Er stand auf und schrieb seine Kündigung.

Am nächsten Tag gab er einem Makler den Auftrag, seine Eigentumswohnung zu verkaufen und eine möglichst kleine Mietwohnung für ihn zu finden. Nach fünf Jahren als freier Grafiker hat er jetzt einen festen Kundenstamm, der ihm einen sehr guten Lebensunterhalt sichert.

Wie oft lassen Sie Chancen verstreichen, stehen erst gar nicht auf oder setzen sich schnell wieder hin, weil der Mut Sie verläßt? Das Erreichte ist Gewohnheit und damit rückständig. Fordern Sie sich in Ihren Lebensvisionen! Die rote Linie als Grenze gilt es zu überschreiten. Das Aufstehen von einem Stuhl, der Griff zum Telefon oder das Schreiben eines Briefes sind Bausteine für die angestrebte Veränderung und für den Erfolg. Fassen Sie den Mut, die 30 Zentimeter zu überwinden.

Es gibt eine Menge Menschen, die Ihnen ähnlich sind: Sie haben die gleichen Fähigkeiten, die gleiche Schul- und Berufsausbildung, das gleiche Alter. Einige von ihnen sind da angelangt, wo Sie meinen, niemals anzukommen. Und doch gibt es zwischen Ihnen nur den kleinen Unterschied von 30 Zentimetern. Versuchen Sie's mal: Wenn Sie Ihren Allerwertesten ungefähr 30 Zentimeter erheben, bleiben Ihnen zwei Möglichkeiten: sich entweder wieder hinzusetzen oder einfach aufzustehen und zu handeln.

Verbringe die Zeit nicht mit der Suche nach einem Hindernis; vielleicht ist keines da.
FRANZ KAFKA

Je länger Sie warten, über die roten Linien Ihres Lebens zu gehen, um so einschränkender werden Ihre Vorstellungen darüber, was alles schiefgehen könnte. Sicherheitswahn lähmt die Lebensgeister, halluzinierte Gefahr limitiert. Verlassen Sie den Sicherheitswahn der inneren roten Linie. Im Kreis der Gewohnheiten findet kein Wachstum statt, Lernen gibt es nur außerhalb.

Die roten Linien sind – ob wir das wahrhaben wollen oder nicht – die eigentlichen Wegweiser im Leben. Sie sind es, die Ihnen das auf Ihre Visionen und Ziele ausgerichtete Handeln aufzeigen. Das Überschreiten einer roten Linie ist eine Belohnung, die das Leben für Sie bereithält. Es geht um den Schritt von der Ohnmacht zur Macht. Nur so können Sie wachsen und besser werden. Es ist die einzige Möglichkeit, um den eigenen Erfahrungsbereich auszudehnen. Damit sind keine sinnlosen Mutproben gemeint. Es geht hier nicht darum, etwas zu tun, was keinen Sinn hat für Ihre persönliche Zielsetzung, für Ihre individuelle Lebensvision. Nackter Ehrgeiz ist immer schädlich. Tun Sie es, weil es Sie weiterbringt, weil es eine Möglichkeit bietet für inneres Wachstum. Erweitern Sie Ihren Erfahrungsbereich, dehnen Sie Ihren Erfolg aus – überschreiten Sie eine rote Linie nach der anderen! Experimentieren Sie mit Ihrem Mut, und haben Sie keine Angst vor der Angst! In der Aktion gibt es keine Angst. Tun Sie etwas, gehen Sie aus sich heraus! Der Weg ist immer da, wo die Herausforderung ist.

Wenn Sie vor der roten Linie stehen, gibt es nur eine Chance: Handeln! Überwinden Sie Ihre Selbstzweifel, bevor die Spannung in Streß, der Streß in Furcht, die Furcht in Angst umschlägt. Handeln Sie, bevor Rechtfertigung, Schuldzuweisung und Vermeidung zum Inhalt Ihres Lebens werden. Alle für Sie wichtigen Wege, die Sie noch nicht gegangen sind, sind Eintrittskarten für Personal Power, für Kraft und Glücklichsein.

Fassen Sie sich ein Herz!

1. Wählen Sie bitte aus Ihren Visionen und Zielen ein kleineres Vorhaben aus, das Sie bisher noch nicht angegangen sind, obwohl es für Ihr Leben wichtig ist. Setzen Sie den Zeitpunkt fest, wann Sie es tun wollen, und überlegen Sie, woran Sie erkennen werden, daß Sie die rote Linie überschritten haben.
2. Wie fühlen Sie sich, wenn Sie nach der Handlung voller Stolz sagen können: »Ich habe es getan!«?
3. Was hat sich für Sie verändert, welche Erfahrung haben Sie gewonnen, nachdem Sie gehandelt haben?

Schicksal und sich schicken scheinen mir nicht ohne Bedeutung nahe verwandt. Wie wir uns schicken, so ist unser Schicksal.
NOVALIS

2 Das Pendel des Lebens

Das Mittelmaß verhindert den Genuß

Jedes Handeln ist Wachstum. Handeln beinhaltet aber auch immer die Gefahr, daß das Gewollte nicht gelingt. Doch die Geschichte lehrt uns, daß Krisenzeiten oft die Geburtsstunde von Innovationen und Pioniertaten sind; Turbulenzen und Krisen sind Teil jeder Evolution. Schließlich lieben wir das Spiel des Lebens auch gerade deshalb, weil es Gefahren birgt. Denn mit

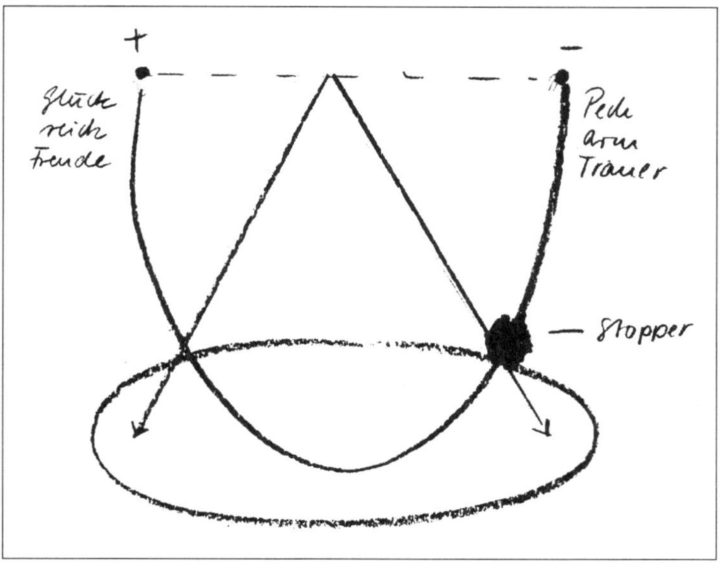

dem Gelingen umgehen kann jeder. Aber Krisen in Chancen umzuwandeln, das ist eine hohe Kunst. Hier finden Sie die Lektion für Profis in Sachen Handeln, wenn das Schicksal einmal nicht lacht. Oder lacht es vielleicht immer, und wir sehen das nur nicht?

Wenn Sie auf einem Trampolin hüpfen, wird es Ihnen wohl kaum gelingen, oben zu bleiben. Sie müssen nach unten kommen, um wieder nach oben zu schnellen. Auch einen Ball werden Sie weiter werfen, wenn Sie aus der entgegengesetzten Richtung Schwung holen, anstatt ihn direkt nach vorne zu werfen. Alles, was sich bewegt, schwingt in einem rhythmischen Zyklus. Hin und her, vor und zurück, auf und ab.

Das Leben ist wie ein Pendel. Es schlägt von links nach rechts, von rechts nach links… Auf der einen Seite finden Sie all die Dinge, die Sie gerne haben und die Sie genießen: Reichtum, Glück, Fröhlichkeit, Freunde, Anerkennung. Auf der anderen Seite dagegen ist alles, was unangenehm ist, was wir ablehnen, was uns ängstigt: Armut, Pech, Traurigkeit, Einsamkeit, Zurückweisung.

Das Glück ist unsere Mutter, das Mißgeschick unser Erzieher.
MONTESQUIEU

Glück und Traurigkeit, Frieden und Krieg, Licht und Schatten, Armut und Reichtum: Beide Pole bilden eine Einheit. Das eine kann es nicht ohne das andere geben. Wir können nicht das eine haben wollen, ohne das andere zu kennen. Ja, wir können das eine noch nicht einmal schätzen, nicht wahrnehmen, wenn wir das andere nicht kennengelernt haben. Das Wissen um Negatives, Unerfreuliches und Trauriges ist eine wichtige Voraussetzung, um die positiven und angenehmen Seiten des Lebens wahrzunehmen und zu schätzen.

Doch viele Menschen hoffen, nie die negative Seite des Lebens kennenzulernen. Sie sind nicht bereit, sich auch mit den Schattenseiten auseinanderzusetzen. Ihr Alltagsbewußtsein sagt, daß links die vermeintlich positive Seite ist, die Seite, auf die es ankommt. Wenn links all die schönen, glücklichen Dinge des Lebens sind, dann möchten Sie gerne dort bleiben und nie mehr nach rechts, zu den negativen Dingen schwingen.

Diese Menschen glauben, klug zu sein, wenn sie alles tun, damit sie nicht auf die rechte Seite kommen. Sie sind so klug, daß sie in ihr Leben einen Stopper einbauen, der verhindert, daß das Pendel auf die rechte Seite hinüberschwingt. Sie sind aber nicht klug genug, um zu erkennen, daß sie damit dem Pendel alle Kraft nehmen. Ein Pendel holt sich aus der einen Seite die Kraft, die es braucht, um auf die andere zu gelangen. Ein gestopptes Pendel bleibt in der Mitte.

Schlimmer als Schwierigkeiten ist die Tendenz, sie zu vermeiden.
EMIL OESCH

Ein Mensch, der aus Angst vor negativen Erlebnissen und Erfahrungen das Pendel seines Lebens stoppt, kann das Leben gar nicht richtig genießen. Er kann weder glücklich noch traurig sein, weder arm noch reich, er kann nicht lachen und nicht weinen. Er bleibt im Mittelmaß – ein Leben ohne Kraft und Schwung. Was uns in Schwung hält, sind Schwierigkeiten.

Nur wer bereit ist, seine Erfahrungen auf der rechten, der negativen Seite des Pendels zu machen, bekommt Kraft und Schwung für die linke, die positive Seite. Betrachten Sie die beiden Wellenlinien. Es ist das große Auf und Ab, die Achterbahn des Lebens, das volle Leben, das Sie genießen können. Das kleine Auf und Ab entspricht einem Leben, dem Sie einen Stopper eingebaut haben. Wie Sie sehen, bewegt es sich sehr nahe an der Linie, die Sie auf einer Intensivstation bewundern können.

Wenn Ihr Pendel kräftig schwingt, haben Sie zwar ein Leben mit Höhen und Tiefen vor sich, aber auch ein Leben voller Power. Keine negative Erfahrung wird Sie im Tal festhalten. Sie haben so viel Schwung, daß er Sie immer wieder zum Gipfel des

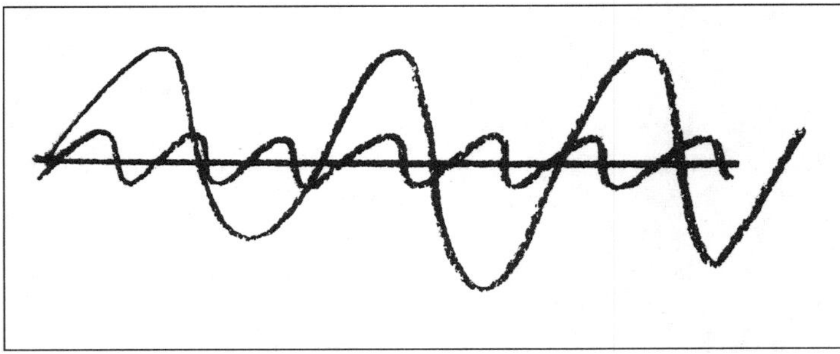

Erfolgs trägt. Und von dort aus können Sie dann auf die nur schwach bewegte, wenig energiereiche Wellenlinie eines Lebens mit gebremstem Pendelschlag herabblicken.

Werden Sie sich darüber klar, daß Sie die Entscheidung für ein Leben mit Höhen und Tiefen oder für ein Leben mit gebremster Energie treffen können. Ein Leben mit Höhen und Tiefen ist gefährlich. Doch die wirklichen Gefahren warten nur auf jene, die im Leben nicht agieren wollen. Denn bei einem energiearmen Leben im Mittelmaß besteht die Gefahr, daß die Ausschläge des Pendels immer kleiner werden, die Wellenlinie immer flacher. Und flexibel wie ein Amboß werden Sie in endloser Langeweile ein Dasein an der Nullinie fristen.

Fehler sind nur Interpretationen

Haben Sie keine Angst vor den negativen Seiten des Lebens! Denn auch dort können Sie Erfahrungen machen, die Ihnen Kraft und Lebendigkeit geben.

Warum aber ist die rechte Seite, das sogenannte Negative, eigentlich so ungeliebt? Wie kommt es, daß wir hier so erschrecken? Nun, es gibt ein Wort, das uns durch seine archaische Einfachheit immer wieder in Angst und Schrecken versetzt. Es ist ein Wort, das in sich vor Inkompetenz strotzt: Fehler! Dieses Wort ist eine Erfindung voll von intellektueller Bosheit, es versetzt in Panik und sorgt dafür, daß wir, in welcher Situation auch immer, Fehler machen werden.

Ein kleines Kind hat zu Weihnachten Schlittschuhe geschenkt bekommen. Mit Feuereifer lernt es nun auf dem kleinen Teich hinter dem Haus das Schlittschuhlaufen. Irgendwo auf dem Teich ist ein Hindernis – vielleicht eine Rille im Eis oder etwas gefrorener Schnee. Jedesmal, wenn das Kind mit den Kufen der Schlittschuhe seitlich an dieses Hindernis stößt, fällt es hin. Aber immer wieder steht es auf und läuft weiter. Irgendwann lernt es, über dieses Hindernis hinwegzukommen, ohne hinzufallen. Am Wochenende schaut ihm der Vater dabei zu. Etwas nervös durch seine Erwartungen kommt das Kind aus Versehen wieder mit dem Hindernis in Berührung und fällt dabei hin. Der Vater erschrickt und macht seiner Besorgnis Luft, indem er das Kind anfährt: »Mensch, paß auf, daß du keine Fehler machst!« Und jetzt passiert etwas Seltsames: Das erste Mal in seinem Leben interpretiert das Kind das Hinfallen als Fehler.

In Fehler führt uns Flucht vor Fehlern.
HORAZ

So lernen wir schon in einem frühen Alter, daß es Fehler gibt. Wir lernen, daß Fehler, Niederlagen und Mißerfolge tunlichst vermieden werden sollten. Eltern sehen das, was falsch ist. Lehrer sind darauf bedacht, jeden Fehler zu finden. In dynamischen Gesellschaften sollte der Fehler ein Freund sein. Doch die Menschen sind stolz darauf, daß sie kritisch sind. Egal, was schiefgeht, immer ist da jemand, der das schon im voraus wußte. Doch gibt es nicht zu denken, daß bisher noch keinem Kritiker ein Denkmal gesetzt worden ist?

Woher wollen wir wissen, daß das, was uns jetzt als Fehler erscheint, sich nicht nachher zu einer großen Chance entwickelt? Jedes Versagen bietet die Gelegenheit, um eine Erfahrung reicher zu werden und von neuem klüger zu beginnen. Jeder hat die Erfahrung gemacht, daß negative Situationen und Erfahrungen den Boden für eine positive Entwicklung bereitet haben. Es kommt immer darauf an, aus welchem zeitlichen Abstand man eine Sache betrachtet und beurteilt. Woher wollen wir wissen, daß das, was jetzt noch negativ aussieht, später nicht das Beste ist, was uns passieren konnte?

Wer urteilt, spricht sein eigenes Urteil

Vor langer Zeit, es mag im Mittelalter gewesen sein, lebte ein alter, weiser Mann. Zusammen mit seinem Sohn, auf den er sehr stolz war, wohnte er in einem kleinen Haus, dessen brüchige Wände und verwitterte Fenster ihn weder vor Nässe noch vor Kälte schützen konnten. Er war so arm, daß er selbst das Nötigste entbehrte. Das einzige, was er besaß, war ein edler, weißer Hengst. Die Nachbarn bestürmten ihn, den Schimmel zu verkaufen. Dann hätte er genug Geld, um nie mehr Hunger zu leiden. Auch könnte er das Haus reparieren und vor allem die Zukunft seines Sohnes sichern. Doch der alte Mann liebte das Pferd, und er wußte, daß es seinem Sohn ebenso ging. Also behielt er es und sagte sich: »Wer weiß, wofür es gut ist?«

Eines Morgens war die Koppel leer. Der Schimmel war über den Zaun gesprungen und davongaloppiert. Alles Rufen, alles Suchen half nichts. Er blieb verschwunden. »Siehst du«, sagten die Nachbarn, teils bedauernd, teils voller Schadenfreude, »hättest du auf uns gehört, erginge es dir jetzt viel besser.« Der alte Mann aber sagte: »Wer weiß, wofür es gut ist?«

Drei Wochen später hallte die Erde wider von den Hufschlägen mehrerer Pferde: Der weiße Hengst war zurückgekehrt und hatte sieben Stuten mitgebracht. »Hast du ein Glück«, sagten die Nachbarn zu dem Alten, »jetzt hast du nicht nur ein Pferd, sondern acht. Wir empfehlen dir, fünf Stuten zu verkaufen. Mit dem Erlös kannst du dein Haus renovieren, deinen Sohn studieren lassen, und du hast genügend Geld für dein weiteres Leben.« Der alte Mann aber sah, mit wieviel Freude sich sein Sohn um die Pferde kümmerte, wie er jedes einzelne mit viel Liebe behandelte, ritt und ausbildete. Er verkaufte keines der Pferde und sagte: »Wer weiß, wofür es gut ist?«

Etwa ein halbes Jahr später geschah das Unglück: Bei einem Ausritt scheute der Schimmel vor einer Schlange. Der Sohn verlor den Halt, stürzte und brach sich ein Bein. Es schien ganz so, als ob er fortan durchs Leben humpeln müsse. »Siehst du«, sagten die Nachbarn zu dem alten Mann, »wir haben dir schon immer gesagt, daß es besser sei, die Pferde zu verkaufen. Das hast du jetzt davon. Dein Sohn wird monatelang krank sein, und ob er jemals wieder genesen wird, steht in den Sternen.« Der alte Mann aber sagte nur: »Wer weiß, wofür es gut ist?«

Zwei Monate danach zogen die Werber des Königs über das Land. Ein Krieg mit zwei Nachbarstaaten war ausgebrochen, und der Herrscher brauchte neue Soldaten. Alle jungen Männer wurden zu den Waffen gezwungen. Nur der Sohn des alten Mannes blieb verschont, sein verletztes Bein bewahrte ihn vor dem Zugriff der Armee. »Hast du ein Glück«, sagten die Nachbarn voller Neid, »unsere Söhne sind eingezogen worden, nur dein Sohn wurde verschont.« Der alte Mann aber sagte nur: »Wer weiß, wofür es gut ist?«

Positiv sein und positiv leben heißt nicht, den Mißerfolg zu vermeiden und auszuschalten. Positiv leben bedeutet, den Mißerfolg und die negative Seite des Lebens anders zu bewerten, oder noch besser: sie gar nicht zu bewerten, sondern sie als gegeben zu akzeptieren, sie als Resultat einer Handlung zu sehen.

Schicksalsschläge begleiten Sie von Geburt an bis zum Tod. Wenn Sie es also nicht verhindern können, auch die Seite des Lebens kennenzulernen, die so lapidar mit Fehler, Mißerfolg, Pech, Unglück oder wie auch immer bezeichnet wird, dann ist es doch viel intelligenter zu lernen, mit diese Seite umzugehen. Oder?

Hinfallen ist keine Schande. Nur Liegenbleiben ist verachtenswert.
SPRICHWORT

Derjenige, der extremen Mut hat, tritt genauso oft wie jeder andere Mensch in seinem Leben daneben. Nur interpretiert er das Danebentreten in einer anderen Art und Weise. Er lernt aus Versagen und Unglück. Und er vertraut auf seine eigene Kraft. Er weiß, daß er alle Möglichkeiten hat, wieder auf die Sonnenseite des Lebens zu kommen. Erfolgreiche Menschen stehen einmal mehr auf, als sie hinfallen.

Eine verlorene Schlacht ist kein verlorener Krieg, und ein Schicksalsschlag ist die beste Schule. Jedes Mißgeschick, jedes Leid, jeder Verlust birgt eine Saat, eine Lehre, die uns sagt, wie wir beim nächsten Mal besser handeln können.

Second-Hand-Life

Wenn Sie die rechte Seite vermeiden wollen, bleibt Ihnen nichts anderes übrig, als niemals die rote Linie zu überschreiten und im vertrauten, sicheren Kreis der Gewohnheiten zu verharren. Der allerdings kann nur so groß sein, wie die Schwingung des Pendels ihn vorgibt. Und wenn Sie ihn partout nicht vergrößern wollen – Sie kennen ja bereits die Vermeidungs- und Kompensationsstrategien: ein bißchen Alkohol, ein paar Drogen, eine Fernseh-Show, eine Familienserie und was es sonst als Belohnung dafür gibt, daß wir jeden Tag die Tretmühle in Bewegung halten.

Um innerhalb des Kreises der Gewohnheiten die Freuden zu haben, die es außerhalb des Kreises gibt, auf der linken Seite des Pendels, brauchen Sie etwas, was Ihnen trotzdem diese angenehmen Gefühle vermittelt. Sie haben dann zwar das Gefühl, die linke Seite zu erleben, aber es ist nur ein geborgtes Erleben, ein Second-Hand-Life. Wir sitzen im sicheren Container und fühlen uns wohl. Daß wir ein Leben aus zweiter Hand führen und unsere Lebensenergie in Kompensationen investieren, in diese Illusionen, die uns dort aus zweiter Hand angeboten werden, merken wir nicht.

Alkohol, Fernsehen, Zigaretten und Lamento, all das sind die Stabilisatoren unseres sicheren Containerlebens. Ab und zu merken wir, daß der Container immer enger wird und sich langsam in einen mit allem Komfort ausgestatteten Sarg verwandelt. Dann reichen die leichten Kompensationen nicht mehr aus. Wie Rauschgiftsüchtige greifen wir zur nächsthärteren Droge. Unser Weg vom Heimatfilm über den Arztroman bis zum Horrorvideo ist vorgezeichnet! Da kann man sich doch tatsächlich zu Hause mit der Mama bei Bier und Chips all die Scheußlichkeiten ansehen, die man im wirklichen Leben immer vermieden hat. Wenn es gar zu schrecklich wird, kann man sich ganz schnell hinter einem plüschigen Sofakissen verstecken. All das, wovor es uns außerhalb des Containers immer so graust, können wir mit einer gepflegten Gänsehaut in der miefigen Gemütlichkeit des Containers aus zweiter Hand erleben.

Wenn Sie auf die sogenannte dunkle Seite des Lebens kommen, ist die wichtigste Voraussetzung, daß Sie auch hier das Positive wahrnehmen. Denken Sie einmal nach: Was ist der größte Vorteil, den wir heute gegenüber gestern haben? Die Antwort ist natürlich: die Erfahrung. Und dann denken Sie über die schlimmsten Mißerfolge Ihres Lebens nach. Was haben Sie aus den Fehlern gelernt? Es waren sehr wahrscheinlich Ihre wertvollsten Lektionen.

Also, fangen Sie nie an, aufzuhören, und hören Sie nie auf, anzufangen!

Erfahrungen statt Fehler

Ohne daß ihm mal etwas schiefging, ist noch keiner Meister geworden.
AUS RUSSLAND

Entscheidend ist nicht das, was einem zustößt, sondern das, was man daraus macht. Und jedes Erlebnis, jede Erfahrung sollte ein Leuchtturm sein, der uns den Weg weist, kein Liegeplatz, an dem man festmacht. So gesehen gibt es keine Fehler, kein Unglück, keine Mißerfolge, sondern nur Etappen des Fortschritts, Erfahrungen und Resultate, die uns wachsen lassen und nach vorne bringen. Und ohne sie gäbe es keine Entwicklung.

Niederlage und Erfolg gehören zusammen, sie bedingen einander. Die Niederlage ist der Auftakt zum nächsten Spiel, die Voraussetzung für den Schwung. Und wenn wir schon spielen, dann auch, um zu gewinnen. Also ergreifen Sie die Chance, um etwas zu erfahren, um sich zu entwickeln und nach vorne zu kommen.

Lassen Sie die Niederlage gewähren, lassen Sie die sogenannten Fehler zu. »Fehler« sind Resultate und die einzige Chance, weiter zu wachsen. Entscheidend ist, daß Sie aus jedem Fehler, den Sie machen, lernen. Jeder Fehler kann die Plattform für Lernerfahrungen und Erfolge sein.

Es ist von großem Vorteil, die Fehler, aus denen man lernen kann, recht frühzeitig zu machen.
WINSTON CHURCHILL

Stellen Sie sich einmal vor, daß kleine Kinder, die das Laufen lernen, jedes Fallen als Fehler interpretierten und glaubten, sie seien auf der negativen Seite des Lebens. Sie gäben irgendwann auf, und wahrscheinlich könnte kein Mensch heute laufen. Da Kinder aber nicht wissen, daß Versagen zu der angeblich negativen Seite gehört, stehen sie immer wieder auf und versuchen es so lange, bis sie strahlend das erste Mal einige Schritte gehen können. Das Fallen ist die Vor-

> aussetzung dafür, jemals gehen zu können. Wie anders wäre es, wenn Menschen erst im Alter von 20 Jahren anfingen, das Gehen zu lernen! Jeder Fall würde als Mißerfolg empfunden, und nach kurzer Zeit gäben wir auf. Denn nach hundert vergeblichen Versuchen wären Sie überzeugt, daß es nicht geht. Das Resultat: Sie würden heute durchs Leben krabbeln. Und vielleicht gäbe es irgendwo einen Zirkus, in dem Sie aufrecht gehende Menschen bestaunen könnten.

Alle großen Leistungen sind nur vollbracht worden, weil es Menschen gab, die bereit waren, auf die rechte Seite des Pendels zu gehen, und dort, auf der negativen Seite, ihre Erfahrungen zu machen. Kolumbus entdeckte Amerika, obwohl er eigentlich nach Indien wollte. Das war zwar sehr nützlich, aber ein Irrtum. Es gibt also auch nützliche Irrtümer. Der springende Punkt liegt dort, wo Sie die rechte Seite anders und richtig interpretieren: Streichen Sie ab heute das Wort Fehler aus Ihrem Wortschatz, und ersetzen Sie es durch das Wort Erfahrung oder – noch besser – Resultat.

Stehen Sie jetzt bitte einmal auf, und machen Sie einen Fehler! Ganz egal, was Sie jetzt tun werden, Sie können bewußt keinen Fehler begehen. Sie können tun, was Sie wollen. Wenn Sie es bewußt tun, ist es niemals ein Fehler.

Wenn Sie gerade meiner Aufforderung gefolgt sind und den hübschen Einfall hatten, eine Vase auf den Boden zu werfen, selbst dann haben Sie keinen Fehler gemacht. Sie haben nur die Entscheidung getroffen, diese Vase fallen zu lassen, und dabei wahrscheinlich erfahren: Eine Vase zerbricht, wenn ich sie fallen lasse. Das Resultat: viele kleine Scherben.

Doch auch wenn Sie aus Unachtsamkeit die Vase fallen gelassen hätten, wäre das weder ein Fehler noch ein Unglück oder sonst was gewesen. Sie wären um eine Erfahrung reicher – nicht mehr und nicht weniger. Und aus den vielen kleinen Scherben

– dem Resultat Ihrer Erfahrung – ließe sich sogar ein abstraktes Mosaik zusammenstellen. Sozusagen als Erinnerung daran, daß auch Fehler, Mißgeschicke und Niederlagen einen Sinn haben.

Mut zu Mißerfolgen

Erfolgreiche Menschen kennen keine Mißerfolge, sondern nur Resultate. Sie verwerten das, was sie gelernt haben, suchen neue Möglichkeiten und versuchen es noch einmal. Sie wählen einen neuen Zugang und erhalten neue Ergebnisse. Ein Kapitän, der mit seinem Schiff vom Kurs abgekommen ist, wird sich bestimmt nicht in der Kajüte schlafen legen. Vielmehr wird er den Kurs so korrigieren, daß er sein Ziel erreicht. Und auch wenn Sie bei einer Wanderschaft den Gipfel des Berges als konkretes Ziel im Auge haben, gehen Sie niemals nur geradeaus. Sie schlagen einen Bogen nach rechts, weil ein Felsvorsprung im Weg ist, dann wieder nach links, um einer Baumgruppe auszuweichen. Und doch werden Sie ankommen.

Ein Mißerfolg ist nie eine Schande, wohl aber die Angst vor dem Mißerfolg. Selbst die Klügsten, Besten, Erfolgreichsten dieser Welt durchleben Zeiten des Leids und des Mißerfolgs. Aber sie haben verstanden, daß es ohne Unruhe keinen Frieden gibt, ohne Anspannung keine Erholung, kein Lachen ohne Sorgen, keinen Sieg ohne Mühen. Alle haben diesen Preis zu zahlen. Man bekommt das eine nicht ohne das andere.

Der Mißerfolg ist ein Moment großer Macht. Er versetzt in Bewegung und gibt die Gelegenheit zur Korrektur, eine Gelegenheit, neue Resultate zu produzieren. In gewisser Hinsicht ist ein Mißerfolg die Straße zum Erfolg. Schauen Sie nicht bekümmert in die Vergangenheit, schauen Sie voll Freude nach vorne. Die Vergangenheit bewältigt man dadurch, daß man die Zukunft besser gestaltet.

Denken Sie an Abraham Lincoln, der in seinem Leben elf kräftige Niederlagen erlitt, bis er endlich siegte und Präsident wurde:

- mit 32 verlor er einen Wahlkampf
- mit 34 erlebte er eine Pleite
- mit 35 hatte er den Tod seiner Geliebten zu verwinden
- mit 36 erlitt er einen Nervenzusammenbruch
- mit 38 verlor er eine Wahl
- mit 43 unterlag er im Kongreß
- mit 46 unterlag er im Kongreß
- mit 48 unterlag er im Kongreß
- mit 55 unterlag er im Senat
- mit 56 verfehlte er sein Ziel, Vizepräsident zu werden
- mit 58 unterlag er erneut im Senat
- mit 60 wurde er zum Präsidenten der Vereinigten Staaten gewählt

Es gibt Leute, deren Gaben man ohne ihre Fehler nie erkannt hätte.
VAUVENARGUES

Oder denken Sie an Edison, den Erfinder der Glühbirne, der tausend und mehr Versuche machte, bis er endlich Erfolg hatte. Er beschrieb seine Arbeit einmal so: »Ich hatte keinen einzigen Mißerfolg. Ich habe nur immer wieder neue Möglichkeiten entdeckt, die elektrische Glühbirne nicht zu erfinden.«

Derjenige, der einen Fehler als Resultat werten kann, der wach genug ist, aus einer gemachten Erfahrung zu lernen, verfügt über eine unendliche Kraftquelle. Selbst die schlimmsten Dinge gehen vorüber, wenn man sich nicht als Opfer des Lebens fühlt, sich nicht den Mißerfolgen und negativen Stimmungen unterwirft. Herr der Lage werden Sie nur, wenn Sie akzeptieren, daß das Pendel des Lebens in beide Richtungen schlägt. Also gehen Sie die Situation an, und versuchen Sie, das Beste daraus zu machen. Vor allen Dingen aber: Warten Sie nicht darauf, daß ein Wunder geschieht.

Ein König von immensem Reichtum rief die Weisen seines Landes zu sich und erteilte ihnen den folgenden Auftrag: »Es gibt auf dieser Welt einen ganz besonderen Ring. Wenn man traurig ist und ihn anschaut, macht er glücklich. Gleichzeitig aber macht er auch traurig, wenn man sich glücklich fühlt. Diesen Ring will ich besitzen.« Lange Zeit beratschlagten die Weisen, wie sie ihn finden könnten, kamen aber zu keinem Ergebnis. In ihrer Not wandten sie sich an einen Greis, dem nachgesagt wurde, daß sich ihm alle Geheimnisse der Welt offenbarten. Ihn baten sie um Rat. Der Alte zog schweigend einen Ring von seinem Finger und gab ihn den Weisen mit den Worten: »Unter dem Edelstein befindet sich ein Deckel. Sagt eurem König, daß er ihn nur öffnen darf, wenn alles verloren scheint, sein Leid unerträglich und er selbst vollkommen hilflos ist. Nur dann wird er die Botschaft verstehen.« Lange Zeit hielt sich der König an diese Bedingung. Dann wurde er angegriffen von einem Reich, mächtiger als das seine, und verlor alles. Er floh aus seinem Land, um sein Leben zu retten. Doch die Feinde verfolgten ihn. Als sein Pferd zusammenbrach, lief er zu Fuß weiter, gejagt von den Häschern. Und dann, als alles verloren schien, als fast schon das Schnauben ihrer Pferde in seine Ohren drang, erinnerte er sich an den Ring. Mit zitternden Händen öffnete er den Deckel und las die Botschaft, von der er sich so viel erhofft hatte: »Auch das geht vorüber!«

Auch Negatives wendet sich zum Guten!

1. Schreiben Sie auf, welche Erlebnisse Sie als Mißerfolg, Schicksalsschlag oder Fehler interpretiert haben, und sprechen Sie darüber mit einem vertrauten Menschen.
2. Notieren Sie während des Gesprächs, welche Erfahrungen Sie daraus gewonnen haben und
3. welches positive Ereignis dadurch erst möglich wurde.

Wir sind nicht nur verantwortlich für das, was wir tun, sondern auch für das, was wir nicht tun.
MOLIÈRE

3 Räuberische Unerledigte

Was du heute kannst besorgen...

Sicherlich wissen Sie, wie kleine Kinder sich verhalten, wenn sie gesucht werden: Sie schließen die Augen, können niemanden mehr sehen und glauben daher, daß auch sie nicht gesehen werden. Leider funktioniert dieses Spiel in der Praxis des täglichen Lebens nicht. Auch mit geschlossenen Augen werden Sie unangenehmen Dingen nicht entfliehen können.

Alles in allem haben Sie ein ganz bestimmtes Maß an persönlicher Energie zur Verfügung, ausreichend genug, um voller Tatkraft durchs Leben zu gehen. Gäbe es da nicht die Energieräuber! All diese Unerledigten, die Ihre zur Verfügung stehende Energie reduzieren oder gänzlich verschlingen.

Wenn Sie Ihre Angelegenheiten sofort erledigen, brauchen Sie nicht darüber zu reden, was Sie irgendwann einmal tun werden, sobald dieses und jenes geschieht. Sie projizieren das heute erforderliche Handeln nicht unablässig in die Zukunft. Sie brauchen auch nicht in der Vergangenheit zu wühlen, um irgend etwas oder irgend jemanden für Ihr Nichthandeln verantwortlich zu machen. Für Sie zählt nur die Gegenwart. Alles andere war oder wird vielleicht noch kommen.

Es kostet einen hohen Preis, die Dinge immer weiter aufzuschieben. Denn unerledigte Dinge ballen sich irgendwann in ihrer Vielzahl zu Angst und Furcht zusammen. Der Verstand intrigiert: Was wird wohl alles passieren, wenn nicht endlich das Anstehende erledigt wird!? Man sorgt sich, gerät in Streß, verliert eine Unmenge Energie. Aber anstatt endlich zu handeln, schiebt man es immer weiter auf, bis es irgendwann scheinbar unüberwindbar vor einem liegt. Natürlich sucht man Vermeidungs- und Fluchtstrategien, weil man die Unerledigten nicht erledigt, und natürlich können sich Erwartungen nicht erfüllen, weil die Voraussetzungen fehlen. Unerledigte ziehen immer wieder neue Probleme nach sich – ein Heer von Energieräubern nimmt, was es kriegen kann, bis nichts mehr übrigbleibt.

Füllen Sie ein großes Glas mit Wasser als Symbol für Ihre Energie. Nun legen Sie für jedes Unerledigte einen kleinen Schwamm in das Wasser. Jeder neue Schwamm saugt mehr Flüssigkeit auf, irgendwann können Sie kein Wasser mehr ausgießen, weil die Schwämme es in sich aufgenommen haben. Wie Schwämme das Wasser, so binden Unerledigte Ihre Energie. Je mehr Unerledigte Sie mit sich herumtragen, um so weniger Energie kann fließen.

Unerledigte als Energieräuber

Unerledigte gibt es sowohl auf der materiellen wie auch auf der psychischen Ebene. Auf der materiellen Ebene geht es mehr um die Dinge, die im Rahmen Ihrer beruflichen Aktivitäten liegen:

- eine Unzahl Telefonate sind zu führen;
- täglich sind etliche Briefe zu diktieren;
- bis zum Monatsende sollen zehn Angebote erstellt werden;
- ein Konzept muß möglichst bald ausgearbeitet werden;
- die Kalkulation für das neue Großprojekt eilt ebenfalls;
- der Vorstand wartet auf das neue Strategie-Papier;
- Termine mit wichtigen Geschäftspartnern sind abzusprechen;
- ein neuer Auftraggeber erwartet Ihre Vorschläge;
- die »Kundenpflege« müßte intensiviert werden.

Sie wissen selbst am besten, welche Unerledigten im Arbeitsalltag anstehen. Doch dafür gibt es eine Menge guter Management-Systeme, mit denen Sie Ihre Arbeit organisieren können. Richtig belastend wird es jedoch, wenn sich die Unerledigten auf der psychischen Ebene tummeln:

- Ein langjähriger Freund ist schwer erkrankt, und Sie haben sich bisher noch nicht um ihn gekümmert.
- Vor acht Jahren haben Sie sich mit Ihrer Schwiegermutter gezankt, und der Streit ist immer noch nicht bereinigt; die Familienfeste verlaufen entsprechend.
- Sie fühlen sich durch das Verhalten eines anderen Menschen stark verletzt und ziehen sich ohne Klärung der Situation zurück.
- Sie haben die Leistung eines Kollegen abgewertet, um sich selbst in ein besseres Licht zu setzen.
- Ihr bester Freund hat Ihnen ein Geheimnis anvertraut, und Sie haben es unüberlegt einem gemeinsamen Bekannten weitererzählt.
- Bisher haben Sie Ihrem Ehepartner nicht gesagt, daß Sie eine gemeinsam getroffene Vereinbarung tatsächlich nicht einhalten können.
- Ein Freund ist gestorben, und Sie haben ihm nicht mehr sagen können, wie leid es Ihnen tut, unaufrichtig zu ihm gewesen zu sein.
- Den Kontakt zu einem Menschen halten Sie nach wie vor aufrecht, obwohl Sie sich in seiner Gegenwart ziemlich unwohl fühlen.
- Sie haben einem Menschen, der Ihnen sehr am Herzen liegt, Hilfe in einer wichtigen Angelegenheit versprochen und das Versprechen aus Bequemlichkeit nicht gehalten.
- Einen Geschäftspartner, mit dem Sie in häufigem Kontakt stehen, haben Sie wissentlich übervorteilt, ohne die Angelegenheit jemals geklärt zu haben.

Neben all diesen gestörten Beziehungen zu anderen Menschen erscheinen die Unerledigten des Alltags fast lächerlich:

- Die Schramme an der Wagentür, die sich jedesmal, wenn Sie ins Auto steigen, wieder in Erinnerung bringt. Denn eigentlich wollen Sie den Wagen verkaufen. Aber wenn Sie es tun, dann mit oder ohne Schramme?
- Vielleicht haben Sie einen Keller oder einen Dachboden, der endlich einmal aufgeräumt werden müßte.
- Der Garten wartet auch schon viel zu lange auf die richtige Pflege.
- Jedes Jahr nehmen Sie zehn Fachbücher mit in den Urlaub, weil es für Ihr berufliches Fortkommen nützlich ist, sich mit diesen Themen zu beschäftigen. Doch auch in diesem Jahr haben Sie noch nicht einmal das wichtigste Buch gelesen.
- Die Anmeldung zum Spanischkurs schieben Sie immer wieder auf die lange Bank.
- Die Mitgliedschaft im Fitneß-Club ist immer noch nicht gekündigt, obwohl Sie schon seit einem Jahr nicht mehr hingehen.

All diese Unerledigten können Ihnen natürlich ständig durch den Kopf gehen und Ihre Energie wegziehen. Wenn Sie jetzt einmal überlegen, welche Vermeidungs- und Fluchtstrategien Sie anwenden, um Ihren Unerledigten zu entkommen, werden Ihnen wohl auch die Konsequenzen deutlich.

Wie du gesät hast, wirst du ernten.
PINARIUS RUFUS

Die folgende Geschichte soll die Dramatik der Unerledigten deutlich machen. Wir setzen einmal voraus, daß Ihr Bruder schon seit zehn Jahren in Amerika lebt. Und während all dieser Jahre haben Sie Ihre bettlägerige Mutter gepflegt. Sie tun dies nicht etwa, weil Ihre Mutter ein Haus in Köln, zwei in Hamburg und eins in Tokio besitzt. Nein, Sie tun es gern und von Herzen.

Oft sitzen Sie am Bett der Mutter und führen lange Gespräche über die Unwichtigkeit des Materiellen und die Schönheit der Herzensdinge. Immer wieder erwähnt sie, daß der »Röhrende Hirsch« in ihrem Zimmer der Inbegriff des Schönen in dieser Welt ist. Doch obwohl das Gemälde nicht gerade Ihrem Geschmack entspricht und materieller Besitz für Sie durchaus etwas sehr Schönes und Angenehmes ist, stimmen Sie der alten Dame zu. Denn warum sollten Sie ihr widersprechen?

Eines Tages ist es dann soweit: Ihre Mutter stirbt. Und wie es sich gehört, taucht auch Ihr Bruder auf. Denn er fühlt sich seiner Mutter so stark verbunden, daß er ihr immerhin jedes Jahr zu Weihnachten eine dieser bunten Karten schickte, die der Mutter ein wertvoller Besitz waren und fein säuberlich aufgereiht auf der Kommode ihren Platz hatten. Ein paar Tage später ist Testamentseröffnung. Der Notar teilt Ihnen nach längerem Reden mit, daß die Mutter Ihnen als Ausdruck höchster Wertschätzung den »Röhrenden Hirsch« zukommen läßt. Das restliche Vermögen geht an Ihren Bruder.

Jede Information, die Sie erhalten, löst ein bestimmtes Gefühl aus und bindet ein entsprechendes Maß an Energie. Die Information in diesem Fall ist klar, und ich nehme an, daß Sie nicht gelassen und verständnisvoll lächelnd darauf reagieren. Das Gegenteil dürfte wohl eher der Fall sein. Gäbe es eine Meßlatte, die auf einer Skala von eins bis hundert Prozent die Ihren Gefühlen entsprechende Energie darstellte, Sie wären wahrscheinlich im wahrsten Sinne des Wortes »auf hundert«. Hundert Prozent Energie sind gebunden an das negative Gefühl und damit verloren für effektives Handeln.

Am folgenden Tag treffe ich Sie und erkundige mich nach dem Ergebnis der Testamentseröffnung. Sofort erinnern Sie sich wieder an die Informationen des Notars. Und im selben Augenblick spüren Sie wieder die Wut, und der Energieverbrauch ist der gleiche wie gestern. Nach fünf Jahren treffen wir uns erneut. In der Zwischenzeit haben Sie ein Vermögen angehäuft und besitzen etliche Häuser. Ihr Bruder hat das geerbte Vermögen inzwischen leider wieder verloren. Wenn wir jetzt auf den Tod der Mutter zu sprechen kommen, werden Sie sich sofort wieder daran erinnern, daß Sie nur das Bild geerbt haben. Sie werden sich auch daran erinnern, daß Sie unendlich wütend waren. Sie werden dieses Gefühl aber nicht spüren, Ihre Energie wird bei Null bleiben. Das ganze Thema ist für Sie erledigt, es gibt keine negative Aufladung mehr.

Unerledigte kosten nicht nur Energie. Im gleichen Maße, wie sie Energie abziehen, laden sie negative Energie auf. Stellen Sie sich die Summe der negativen Energie all Ihrer Unerledigten wie eine schwere, graue Wolke vor. Nicht nur Ihre Psyche, sondern auch Ihr Körper hat diese Last zu tragen. Den Körper kann man nicht belügen, er reagiert sofort auf psychische Belastungen und gerät unter Spannung. Mit viel Kraftaufwand versuchen Sie, Ihren Körper in ständiger Anspannung zu halten, um das Gewicht dieser Wolke tragen zu können. Die Auswirkungen sind ja wohl nur allzu bekannt. Erst wenn die Unerledigten geklärt sind, kann sich Ihr Körper wieder entspannen.

Unser Verstand, der Perfektionist

Unser Verstand ist ein Perfektionist. Er kann Dinge erst zu den Akten legen, wenn sie wirklich erledigt sind. Wie lange haben Sie gezögert, bis Sie sich endlich dazu durchgerungen haben, Ihren Partner auf sein Verhalten während der Party vor drei Monaten anzusprechen, das Sie so tief verletzt hat?

In einem aufgeräumten Zimmer ist auch die Seele aufgeräumt.
FEUCHTERSLEBEN

Drei Monate lang haben Sie immer wieder daran gedacht. Während der Arbeit waren Sie nicht bei der Sache, im Theater konnten Sie sich nicht auf das Bühnengeschehen konzentrieren. Selbst dann, wenn Ihr Partner Sie in den Arm nahm, fiel es Ihnen wieder ein, und Sie konnten die Zärtlichkeit nicht genießen. Und dann haben Sie die Sache zur Sprache gebracht, und sie war erledigt. Das Thema war abgeschlossen, Ihr Verstand konnte die Akte wegräumen. Das ist sein Ziel. Doch bis es soweit ist, wird er Sie immer wieder daran erinnern, daß noch etwas zu erledigen ist.

Wenn Unerledigte anstehen, warten Sie nicht auf irgendeine besondere Gelegenheit, um zu handeln.

Überlegen Sie nicht lange, ob Ihr Handeln richtig oder falsch ist. Denken Sie nicht darüber nach, ob Sie ausreichend vorbereitet sind. Warten Sie nicht auf einen besonders günstigen Moment, denn die erhoffte Gelegenheit wird sich vielleicht nie bieten.

Handeln Sie einfach, denn ab einem bestimmten Punkt wird Nichthandeln zur Vermeidung. Je schneller Sie handeln, um so eher werden Sie Ihre Power wiedergewinnen. Ob ausreichend vorbereitet, ob richtig oder falsch, wissen Sie sowieso erst nachher, denn diese Wertungen entsprechen nur Ihrer jetzigen Lebensdefinition.

Nicht weil es schwer ist, wagen wir's nicht, sondern weil wir's nicht wagen, ist es schwer.
SENECA

Das einzige, was sich negativ auswirkt, ist das Nichthandeln. Wenn Sie nicht handeln, können Sie auch nichts korrigieren. Und Sie werden auch nichts schaffen. Es kostet letztendlich nur Ihre Energie. Manche Unerledigten haben Sie vielleicht schon so weit verdrängt, daß Sie sich bewußt gar nicht mehr daran erinnern können. Aber Sie können sicher sein, Ihr Verstand hat den Kreis noch nicht geschlossen.

Kommen Sie Ihren negativen Energien auf die Spur, und fragen Sie sich, in bezug auf welche Personen die folgenden negativen Gefühle auftreten und welche Erfahrungen und Erlebnisse aus der Vergangenheit dahinterstehen:

Minus-Gefühle	Personen	Situationen
Aggressionen		
Wut		
Haß		
Bitternis		
Tiefe Verletzungen		
Enttäuschungen		
Schuldgefühle		
Entrüstung		
Erregung		
Trauer		
Unzufriedenheit		
Unmut		
Niedergeschlagenheit		
Unsicherheit		
Alleingelassen sein		
Ungerecht behandelt		
Hilflosigkeit		
Belastung		
Unverstanden sein		
Sinnlosigkeit		
Orientierungslosigkeit		
Angst		

Welche energieraubenden Gefühle nehmen Sie sonst noch bei sich wahr? Bringen Sie alles in eine Übersicht. Damit sind Sie Ihren unbewußten Unerledigten einen Schritt nähergekommen.

Den Unerledigten entgegentreten

Unerledigte Angelegenheiten sind höchst unbequeme und unverdaute Bestandteile des Denkens. Überlegen Sie einmal, wie viele kleine und große unerledigte Dinge Ihnen die Energie rauben, die Sie brauchen, um das Heute zu genießen und bei dem, was Sie tun, präsent zu sein.

Denken Sie sich Ihre Energie wie einen frischen, knackigen Apfel. Und jedes Unerledigte ist ein Wurm. Wie viele Würmer sitzen in Ihrem Apfel und ernähren sich fröhlich schmausend von Ihrer Energie? Sie brauchen sich gar nicht zu wundern, wenn irgendwann aus dem herrlichen Energie-Apfel ein kleines, hutzeliges Etwas geworden ist. Was also liegt näher als ein Schädlingsbekämpfungsmittel? Also: Schreiben Sie all die Dinge auf, die Sie seit geraumer Zeit belasten und darauf warten, erledigt zu werden. Das kann natürlich nach wie vor der unordentliche Keller oder die Schramme am Auto sein. Aber viel wichtiger ist, daß Sie die zwischenmenschlichen Dinge thematisieren, all die Beziehungsschwierigkeiten, die Sie psychisch belasten und zumindest von Ihrer Seite geklärt werden können. Zwar kostet das mehr Mut als das Klären der Unerledigten auf materieller Ebene, doch es ist ein gutes Instrument, die Vergangenheit zu bereinigen. Schreiben Sie jetzt einfach alles auf, was Ihnen als unerledigt im Kopf herumschwirrt.

- ______________________________
- ______________________________
- ______________________________
- ______________________________
- ______________________________
- ______________________________

Der Weg des Clearings geht über vier Schritte. Der erste Schritt heißt »Nie«: Sie akzeptieren, daß Sie das unerledigte Geschäft nicht erledigen können oder wollen. Schauen Sie die Liste Ihrer Unerledigten durch, und streichen Sie das, was Sie nie erledigen wollen oder können. Dann nehmen Sie einen neuen Zettel und übertragen darauf das, was Sie von Ihrer Liste gestrichen haben. Begraben Sie diesen Zettel, und vergessen Sie ihn!

Verwandle große Schwierigkeiten in kleine und kleine in gar keine.
AUS CHINA

Die Entscheidung, etwas nie erledigen zu können oder zu wollen, dürfte mitunter recht schwierig sein. Ein guter Hinweis darauf, daß Sie es doch klären und versuchen sollten, ist das Maß der Negativenergie, die Sie bei dem Gedanken an diese Unerledigten spüren. Der zweite Schritt ist wohl hauptsächlich auf der materiellen Ebene möglich: »Delegieren«.

Sie brauchen nicht alles selbst zu erledigen, manche Dinge können Sie getrost anderen überlassen. Notieren Sie auf einem weiteren Zettel die Geschäfte, die Sie an andere delegieren können, und schreiben Sie hinter jede Aufgabe den Namen desjenigen, dem Sie die Aufgabe übertragen wollen. Das, was Sie delegieren werden, streichen Sie nun von der Liste aller Unerledigten.

Kommen wir zum dritten Schritt: »Sofort.« Einige Dinge können Sie vielleicht sofort erledigen, sobald Sie die Liste auf Seite 54 durchgearbeitet haben. »Sofort« heißt aber nicht nur, daß der Punkt endgültig erledigt wird. »Sofort« kann auch bedeuten, daß Sie jetzt den ersten Schritt machen. Das kann ein Brief sein, ein Anruf oder das Versprechen an einen vertrauten Menschen, daß Sie etwas Bestimmtes erledigen wollen. Den Rest der Erledigung legen Sie dann auf Termin.

Gute Absichten sind wertlos, es kommt darauf an, was man tut.
LOTHAR SCHMIDT

Und damit kommen wir im vierten Schritt zu den restlichen Unerledigten auf Ihrer Liste. Termin bedeutet, daß Sie sich einen genauen Plan machen, wann und wie Sie etwas erledigen wollen. Hier tritt ein interessantes Phänomen auf: In dem Moment, in dem Sie sich Termine setzen, begreift Ihr Verstand, daß Sie handeln werden.

Er kann den Kreis schließen, und zwar bevor Sie es real umgesetzt haben. Die Negativenergie wird sofort geblockt, und die volle Energie steht Ihnen zur Verfügung. Das gilt allerdings nur, wenn Sie jemand sind, der auch sich selbst gegenüber zu seinem Wort steht.

Dann gibt es einen Punkt, den ich etwas außerhalb stellen möchte. Es geht um Unerledigte, die Sie gerne mit Menschen klären würden, die nicht mehr leben. Vielleicht haben Sie auch nach dem Tode eines Menschen aus irgendeinem Grund noch ein schlechtes Gewissen ihm gegenüber, oder Sie haben versäumt, ihm zu Lebzeiten etwas Wichtiges zu erzählen. Nun, es mag Ihnen etwas verrückt erscheinen, aber es ist sehr hilfreich, wenn Sie in einer stillen Stunde all die Dinge, die Sie mitteilen möchten, in einem langen Brief zusammenfassen. Sie sollten sich ausreichend Zeit nehmen und alleine sein. Bevor Sie zu schreiben beginnen, können Sie etwas tun, was eine gedankliche Verbindung zu dem Verstorbenen herstellt: einen Spaziergang machen, wenn Sie dabei mit diesem Menschen die schönsten Gespräche geführt haben, oder eine bestimmte Musik hören, die er geliebt hat. Tun Sie irgend etwas, was Sie diesem Menschen gedanklich näherbringt. Dann schreiben Sie den Brief, und in einem anschließenden Ritual übergeben Sie ihn dem Universum. Sie können ihn bei Vollmond in der Erde vergraben, einem Fluß auf seinem Weg mitgeben, mit einem Stein beschwert in einen See werfen, dem Wind anvertrauen oder in einem Feuer verbrennen. Vielleicht fällt Ihnen noch etwas ganz anderes ein. Tun Sie einfach das, was Ihnen und dem Verstorbenen am nächsten ist. Zu mystisch? Nun, mir persönlich ist es nicht wichtig, ob es mystisch oder wissenschaftlich ist. Das einzige, was interessiert, ist, ob es funktioniert.

Die nachstehende Liste ist eine weitere Hilfe zur Klärung der noch anstehenden Unerledigten. Nehmen Sie sich die Zeit, den ersten Schritt und den genauen Termin für jedes Unerledigte festzulegen. Wenn der erste Schritt klar ist, wird es Ihnen leichterfallen, einen Termin zu bestimmen. Nehmen Sie immer den kleinstmöglichen Schritt, der zur Erledigung führt: Möchten Sie beispielsweise den Konflikt mit einem Freund beenden, dann kann der erste Schritt der Griff zum Telefonhörer sein, um mit ihm ein Treffen zu verabreden. Der Termin für diesen ersten Schritt könnte also sein: »Sofort«.

Unerledigte	**Erster Schritt**	**Termin**
1.		
2.		
3.		
4.		
5.		
6.		
7.		
8.		
9.		
10.		

Achten Sie darauf, daß Sie sich nicht zuviel auf einmal vornehmen. Es ist eine Unart, mehrere Dinge auf einmal erledigen zu wollen und dann nichts richtig zu tun. Das ist so, als wenn Sie abwaschen, gleichzeitig ein Bier trinken und ein Butterbrot essen. Erledigen Sie die Dinge mit einer gewissen Systematik und in einer bestimmten Reihenfolge. Richten Sie Ihre volle Aufmerksamkeit auf das, was Sie tun. Sie werden sehen, es ist eine vollkommen andere Lebensqualität, als wenn Sie eine Sache mit halber Konzentration anpacken und dann auch nur halb erledigen können. Wenn Sie etwas tun, tun Sie es mit vollem Einsatz. Einsatz zündet Lichter an! Zum Schluß möchte ich Ihr Augenmerk auf Energieräuber lenken, die sich vornehmlich bei den Menschen aufhalten, die beschlossen haben, auch in der Zukunft Unerledigte wie Zeitbomben zu verstecken. Diese Menschen schenken dem Heute wenig Beachtung; sie ziehen es vor, im Gestern oder Morgen zu leben. Ihre bevorzugte Redewendung ist »Wenn..., dann...«, »Wenn ich doch damals... hätte, dann würde ich jetzt...«, »Wenn meine Eltern..., dann wäre ich jetzt...«. Zukunftsorientiert heißt es dann: »Wenn ich... habe, dann werde ich...« oder: »Es wäre schön, wenn...« Der berühmte Rentner, der im Ruhestand eben erst sein Leben anfängt!

Auch wenn Sie nicht zu diesen Menschen gehören, hier ein paar Aussagen, hinter denen wir uns gerne verstecken, um Unerledigte auch weiterhin unerledigt zu lassen:

- Käme doch die schöne Zeit wieder.
- Was ich alles versäumt habe!
- Ich armes Opfer.
- Wenn ich einmal da und dort sein werde.
- Ach, wäre ich doch jetzt bei meiner Familie.
- Das werde ich nicht schaffen.
- Das müßte ich eigentlich noch dringend tun.
- Es hat ja doch keinen Zweck, daß ich das anfange.
- Also, unter diesen Umständen geht das nicht.
- Ich bin so enttäuscht.

Hüten Sie sich vor solchen Sätzen! Dahinter verbergen sich heimtückische Energieräuber, die ein Leben im Hier und Jetzt verhindern. Jedes Lamento über Vergangenheit und Zukunft vergeudet Ihre Energie, ist Simulation von Leben. Was gestern war, ist vorbei, und auf morgen sollte man sich auch nicht verlassen. Leben findet nur in der Gegenwart statt, Unerledigte können Sie nur heute klären. Alles andere raubt Ihnen Energie.

Machen Sie Ihren Energieräubern den Garaus!

1. Suchen Sie sich aus Ihrer Liste drei Unerledigte auf der psychischen Ebene heraus, die Ihnen die meiste Energie rauben.
2. Für jedes Unerledigte definieren Sie nun den ersten Schritt und legen den Termin dafür fest. Zusätzlich geben Sie einen genauen Zeitpunkt an, zu dem Sie es endgültig geklärt haben wollen.
3. Zu diesem festgelegten Termin überdenken Sie das – hoffentlich ehemals – Unerledigte. Achten Sie dabei genau auf Ihre Gefühle. Ziel ist, daß Ihre Negativ-Energie bei Null bleibt. Erst dann ist es endgültig erledigt.

Erfahrungen, ob gewöhnlich, alltäglich, gewohnt oder ungewohnt, ob Eindrücke, Gedanken, Träume, Visionen oder Erinnerungen, ob merkwürdig, bizarr, vertraut, verschroben, psychotisch oder gesund, sind niemals objektive Tatsachen.
R. D. LAING

4 Recht haben oder wachsen

Standpunkte begrenzen die Blickrichtung

In einem weit entfernten Land im hohen Norden sollte vor langer, langer Zeit eine Ausstellung mit bis dahin nie gesehenen Tieren stattfinden. Ganz besonders neugierig waren die Einwohner auf den Elefanten. Und als er bei Nacht gerade in einem dunklen Stall untergebracht worden war, strömten sie schon herbei und drängten sich zu ihm in den Stall. Dort war es aber so dunkel, daß niemand das Tier erkennen konnte.

Die Mutigsten versuchten nun herauszufinden, wie ein Elefant denn überhaupt aussieht. Vorsichtig streckte der erste die Hand in die Finsternis, berührte ein Bein des Elefanten und rief: »Ein Elefant ist stark wie eine Säule!« Ein zweiter wollte es ebenfalls wissen, betastete einen Stoßzahn und widersprach: »Nein, ein Elefant ist ein glattes, gebogenes Ding mit einer Spitze.« Ein dritter wollte sich seine eigene Meinung bilden. Er faßte an das Ohr des Elefanten und sagte: »Auch das ist nicht wahr. Ein Elefant ist einem Fächer sehr ähnlich.« Ein vierter bestritt auch das. Er behauptete, ein Elefant sei gerade und flach wie eine Liege. Er hatte den Rücken des Tieres berührt. Ein fünfter schließlich protestierte laut, denn da er den Rüssel des Tieres befühlte, schloß er daraus, daß ein Elefant einer Schlange nicht unähnlich sei.

Je nachdem, welches Körperteil des Elefanten berührt wurde,

erhielten die Menschen völlig unterschiedliche Eindrücke. Nun etwas zum Überlegen: Wie viele Quadrate sehen Sie auf dieser Seite?

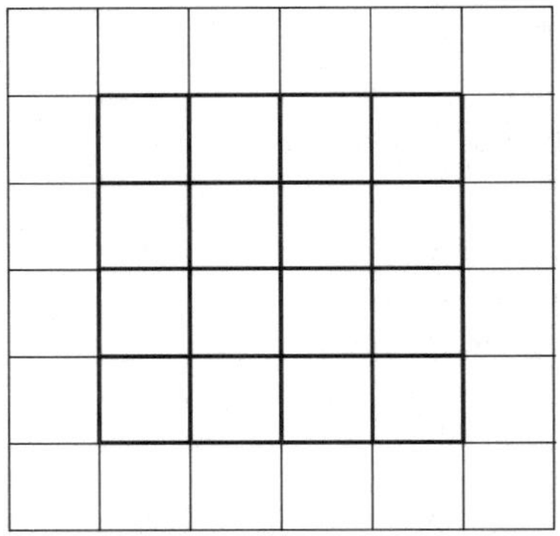

Na, wie viele Quadrate haben Sie entdeckt: 4, 16 oder 36? Haben Sie vielleicht nur die Quadrate gezählt, die aufgezeichnet wurden? Oder sind Sie gar so weit gegangen und haben alle Quadrate gezählt? Die Frage hieß: Wie viele Quadrate können Sie sehen? Dabei wurde nicht vorgegeben, welche Quadrate gemeint sind, die des Papiers, die aufgezeichneten oder alle zusammen. Die Beantwortung ist allein abhängig von Ihrer Interpretation der Frage.

Menschen haben unterschiedliche Standpunkte und Sichtweisen. Jeder Mensch schaut von seinem Standpunkt, aus einer ganz persönlichen Sichtweise auf eine bestimmte Thematik und leitet daraus die entsprechenden Konsequenzen ab.

Die Gewißheit eines Standpunktes entspringt nur einer dürftigen Phantasie. Aber sie ist es, die den Menschen daran hindert, die Möglichkeit einer anderen Sichtweise wahrzunehmen. Die Limitation im Kopf eines jeden Menschen konzipiert einen festen Standpunkt. Der Mensch sieht sich im Mittelpunkt seines eigenen Lebens und steht sich damit fortwährend selbst im Weg.

Die dogmatische Meinung, nur von einem Punkt aus gelange man zum Mittelpunkt, ist nicht nur objektiv falsch, sie ist auch menschenfeindlich und irreführend.

Um klarer und mehr zu sehen, genügt häufig ein Wechsel der Blickrichtung. Eigentlich eine recht einfache Angelegenheit, wenn dem nicht der Verstand bei der Erfüllung seiner Aufgaben oft im Wege stünde.

Was sind eigentlich die Aufgaben des Verstandes?

- Informationen aufnehmen
- neue Informationen mit vorhandenen vergleichen
- Unbekanntes herausfiltern
- akzeptierte Informationen speichern
- akzeptierte mit den vorhandenen Informationen verbinden
- Informationen verarbeiten
- Überzeugungen ableiten
- Standpunkte beziehen
- Sichtweise verstärkt auf Bekanntes richten
- Beweise zur Bestätigung der Standpunkte suchen
- Standpunkte verteidigen

Als Quintessenz leitet sich daraus ab, daß der Verstand drei Aufgaben hat: Speichern, Rechthaben und Überleben.

Der Verstand als Speicher

Wenn ein menschlicher Verstand und eine Information zusammenprallen und beide absolut nichts miteinander anfangen können, muß nicht unbedingt die Information schuld sein. Aus der unendlichen Zahl von Informationen, die in jeder Sekunde in unser Bewußtsein und Unterbewußtsein gelangen, kann der Mensch nur eine Auswahl treffen. Meist hat eine Information nur dann eine Chance, intern verarbeitet zu werden, wenn sie etwas schon Bekanntes beinhaltet. Denn die Entscheidung, welche Informationen weitergeleitet werden, ist abhängig von einem Filter, der durch das bisherige Wissen, bisherige Erfahrungen und Erkenntnisse gebildet wird. Nur Informationen, die den dort vorhandenen Vorurteilen, Einstellungen, Meinungen und Überzeugungssystemen entsprechen, werden durchgelassen und da zugeordnet, wo sie passen. Und je nachdem, wie die bereits vorhandene Abspeicherung bewertet wird, stellt sich ein Gefühl ein – ein positives, ein negatives oder ein neutrales. Die gerade aufgenommene Information wird mit diesem Gefühl verbunden, führt zu einem entsprechenden Körperausdruck und veranlaßt uns zu einer Handlung, die schließlich zu einem Resultat führt. Der entscheidende Aspekt ist, daß sich das aus dem Informationsspeicher ausgewählte Gefühl – positiv, negativ oder neutral – im aktuellen Erleben widerspiegelt und in der Handlung ausdrückt.

Die Gewohnheit ist eine zweite Natur.
CICERO

Vieles, was sich in dem Speicher des menschlichen Verstandes befindet, ist von anderen Menschen hineingegeben worden, ohne daß wir es überprüfen konnten: Als Kind übernahmen wir die Überzeugungen, Vorurteile und Verhaltensmuster der Erwachsenen. Eltern, Großeltern, Lehrer, sie alle sagten uns, was gut und richtig ist. Die Glaubenssätze der Erwachsenen waren die einzige Orientierung, und die daraus abgeleiteten Informationen befinden sich auch heute noch in unserem Speicher und prägen unsere Gesamtpersönlichkeit. Sicherlich wird im weiteren Verlauf des Lebens der Speicherinhalt durch Erlebnisse und Erfahrungen aufgefüllt oder auch teilweise verändert. Aber in der Regel ist eine einmal angelegte Information gegenüber den nachfolgenden immer die stärkere.

Das Unbewußte wird von Kindheit an wie ein Autopilot mit einem Navigationsprogramm gefüttert, das sich aus den Überzeugungen und Meinungen der Umwelt und aus eigenen Erfahrungen zusammensetzt. Und dieser Autopilot steuert uns nun durchs Leben, völlig selbständig und ohne daß es einer Kontrolle bedarf. Wir brauchen nicht mehr lange zu überlegen, sondern können entsprechend der gebildeten Denk- und Verhaltensmuster handeln. Das hat zwar viele Vorteile, denn wir können das Routinemäßige des Lebens darauf aufbauen. Wer einmal das Autofahren erlernt hat, braucht nicht lange zu überlegen, welches Pedal das richtige ist, um zu bremsen oder Gas zu geben. Er kann sich dabei sogar noch unterhalten. Allerdings: Die Nachteile liegen auf der Hand. Denn es kann sein, daß eine bereits vorhandene Information für unser Leben gar nicht richtig, sondern störend und limitierend ist.

Stellen Sie sich vor, das Leben sei ein Straßennetz, und Sie würden sich, bequem in einem Auto sitzend, durchs Leben steuern lassen. Der Autopilot ist Ihr Chauffeur, und der hält sich getreulich an das eingegebene Navigationsprogramm. An einer bestimmten Straßenkreuzung fährt er geradeaus. Das macht er nicht willkürlich oder nach reiflicher Überlegung, nein, er fährt geradeaus, weil es in seinem Navigationsprogramm so vorgegeben ist. Und so oft Sie in Ihrem Leben an dieser Straßenkreuzung ankommen, wird Ihr Chauffeur in die gleiche Richtung fahren. Sie haben sich daran gewöhnt, und Sie wissen, was Sie erwartet, wenn Sie diese Richtung einschlagen. Sie ist Ihnen vertraut. Sie kommen gar nicht auf die Idee, selbst das Steuer in die Hand zu nehmen, um zu erfahren, was Sie erwartet, wenn Sie an der Kreuzung nach rechts oder links weiterfahren. Sie sind damit zufrieden, daß der Autopilot einem ganz bestimmten Richtungsmuster folgt.

Unser Verstand arbeitet nicht anders. An einem bestimmten Punkt geht auch er immer in die gleiche Richtung. Er verwendet ein für die jeweilige Situation passendes Muster: Wenn A passiert, reagieren Sie mit B. Immer. Daß es auch noch C, D, E usw. gibt, wissen Sie vielleicht, aber diese Muster liegen nicht in Ihrem Plan. B kennen Sie, B hat bisher funktioniert und Sie immer zu einem Ergebnis geführt, mit dem Sie zufrieden waren. Es ist schwer, den Kurs während der Fahrt zu wechseln. Warum auch sollten wir uns von einer scheinbar befriedigenden Sichtweise lösen, um eine noch bessere zu finden, zumal wir noch nicht einmal wissen, ob es etwas Besseres gibt? Doch statt verschiedene Richtungen auszuprobieren und dabei neue Möglichkeiten kennenzulernen, bleiben wir bei dem, was uns bekannt und vertraut ist. Und damit begrenzen wir uns selbst, unser Handeln, unser Wachstum, unsere Power.

Sie und ich, wir leben vom Gehirn. Alles hängt davon ab, aber niemand hat jemals gesagt, wie es arbeitet. Das Gehirn ist das zweitwichtigste Organ eines Menschen. Und wie oft haben Sie sich damit beschäftigt? Nicht im biologischen oder anatomischen Sinne, sondern: Wo ist die Bedienungsanleitung?

Was wir aufnehmen, nehmen wir über die Sinne auf. Da ist der Vater, der mit seinem dreijährigen Sohn in den Supermarkt geht und ihn bittet, am Eingang zu warten. Der Junge schaut sich um, sieht ein buntes Dreirad, nimmt es und fährt los. Und das sieht der Mann, dessen Tochter das Dreirad gehört. Er ist empört und ruft laut: »Runter von dem Rad!« Der kleine Junge erschrickt, fällt herunter und hört währenddessen die weiterhin laut schimpfende Männerstimme. Ein zufällig vorbeikommender Schäferhund fühlt sich dadurch animiert, laut und kräftig zu bellen. Auch das hört der Dreijährige natürlich.

Gleichzeitig erreicht ihn von der Imbißbude neben dem Supermarkteingang der Geruch des alten Fettes. All das nimmt der Junge gleichzeitig wahr. Und der Schmerz, den er beim Sturz vom Dreirad spürt, die laute Männerstimme, das Hundegebell und der Fettgeruch verbinden sich zu einer Information, die er als Erfahrung abspeichert.

Der Junge ist nun 16 Jahre alt. Er geht durch die Fußgängerzone, stolpert, fällt hin und verstaucht sich den rechten Fuß so stark, daß er vor Schmerz nicht mehr aufstehen kann. Ein junges Mädchen hilft ihm auf: Sie hat blonde lange Haare, freundliche braune Augen schauen ihn durch eine Brille an, er riecht ihr angenehmes Parfüm, nebenbei bemerkt er ihre legere Bekleidung. Und auch diese Erfahrung wird sich tief in ihn einbrennen.

Später im Leben kann es sein, daß er an einer Imbißbude vorbeigeht und Kopfschmerzen bekommt. Oder daß er Pommes frites nicht mag. Und Schäferhunde wird er wahrscheinlich auch nicht als seine Lieblingstiere bezeichnen. Irgendwie ist das als lebensbedrohend in ihm gespeichert worden. Vielleicht wird er sogar eine Frau heiraten, die der, die ihm damals geholfen hat, sehr ähnlich ist. Und er wird sagen: All das tue ich bewußt. Selbst wenn er immer noch nicht zur Kirmes geht, weil er den Fettgeruch der Imbißbuden nicht mag, glaubt er, bewußt zu handeln. Doch mit der Bewußtheit ist es nicht weit her. Es sind Erlebnisse, die irgendwann als Erfahrungen angelegt worden sind und später multidimensional miteinander verknüpft werden.

Sicher gehören mehr Erlebnisse dazu, um eine tiefe Verankerung zu verursachen. Doch es gibt keinen Grund anzunehmen, daß wir nicht mehr für die Wirkungen verantwortlich sind, nur weil wir die Ursachen vergessen haben. Menschen wollen immer recht haben. Aber sie sind automatisch im Recht. Was sonst? Doch daraus ergibt sich zwangsläufig: Wann immer Sie glauben, recht zu haben, hat auch der andere recht.

Unser Leben ist das, wozu unser Denken es macht.
MARC AUREL

Die Welt besteht aus Gegensätzlichkeiten. Zu allen Dingen, die wir mögen, gibt es einen Gegenpol. Man mag Mädchen mit blonden langen Haaren oder man mag sie nicht. Man ißt gern Pommes frites oder nicht. Niemand kann beide Pole auf einmal leben. Gleichzeitig glücklich und traurig sein geht nicht, ebensowenig mutig und ängstlich.

Man nimmt irgendwie Beziehung und Stellung, findet einen Standpunkt. Grund sind die alten Erfahrungen, die sich zu bestimmten Überzeugungssystemen zusammenfinden. Und was nicht mit dem eigenen Standpunkt übereinstimmt, ist nicht richtig, man lehnt es ab. Man will recht haben.

Recht haben

Ihre Überzeugungssysteme, Ihre Identifikationen, Ihre Standpunkte, was immer Sie behaupten, Sie haben immer recht. Jeder hat aus seiner Sicht recht. Es ist das Spiel des Lebens, und keiner kann gewinnen. Sie können nicht über den Dingen stehen.

Schwerer noch als nach seinen Überzeugungen zu leben ist es, sie anderen nicht aufzuzwingen.
MARCEL PROUST

Beobachten Sie einmal Politiker bei Fernsehdiskussionen: Schon lange haben sie den Inhalt vergessen, mit ideologischer Verbissenheit kämpfen sie nur noch um ihre Positionen. Oder nehmen wir den Autofahrer, der recht haben wollte: »Der wird doch wohl nicht...? Ich habe Vorfahrt, der wird doch nicht... Ich habe Vorfahrt! Das steht doch ganz deutlich da.« Wumms! und auf seinem Grabstein stand: Er hatte Vorfahrt. Und überlegen Sie, wie unterschiedlich Handlungen und Verhalten in anderen Kulturen bewertet werden: Japaner interpretieren nicht Schwarz, sondern Weiß als Farbe der Trauer; und in Arabien zeugt ein Bäuerchen nach dem Essen von gutem Benehmen.

Wer auf sein Recht pocht, kann sich dabei wunde Finger holen. Verlassen Sie die Märchenwelt der Illusion des Rechthabens, und gönnen Sie sich den Genuß eines erweiterten Bildes der Welt. Damit vermeiden Sie, ein tyrannischer Narr zu sein, der in sich selber die Projektion seiner eigenen Ignoranz ist. Denn Ihre Realität ist nur die Gesamtheit der Überzeugungssysteme, die Sie in Ihrem Leben gespeichert haben. Das zentrale Thema eines Lebens voller Power ist die systematisierte und programmierte Erweiterung der Muster, Standpunkte, Überzeugungen und Glaubenssätze.

Der Klebstoff der Gewohnheiten

Ganz gleich, in welcher Situation Sie sich befinden, ob Sie sie ablehnen oder davon angetan sind, es sind Ihre Lernerfahrungen und Überzeugungen, die reagieren und Ihnen eine bestimmte Sichtweise vorgeben – je nach Lebensmodell und Interpretation. Es ist schlichtweg eine Wertung, die nur mit Ihnen zu tun hat. Was wirklich ist, kann keiner erfassen. Sie schauen von innen heraus durch die Brille Ihrer Erfahrungen und Überzeugungen in die Welt. All das, was in Ihnen steckt, projizieren Sie auf das, was draußen sichtbar scheint. Die Welt entsteht aus dem, was draußen ist, aus dem, was Sie selektiv wahrnehmen, und aus dem, was Sie senden. Sie können niemals auf die Realität reagieren, sondern nur auf ein komplexes Gewebe, an dem Sie durch die Projektion Ihrer Innenwelt, Ihrer Persönlichkeit, beteiligt sind. Realität kann nur persönlich sein, eine Summe der eigenen Erwartungen, Hoffnungen, Einstellungen, der Agreements mit sich selbst und mit anderen. Das bedeutet in letzter Konsequenz, daß auch die Welt draußen, die Sie ständig selbst erschaffen, früher oder später in Ihrer Verantwortung liegt.

Im Leben kann es niemals um richtig oder falsch gehen. Denn es gibt weder richtig noch falsch. Keines Ihrer Glaubenssysteme, keine Ihrer Überzeugungen und Interpretationen ist falsch oder richtig. Sie sind einfach ein Abbild dessen, was Ihre Wertungen in diesem Leben sind.

Nehmen wir ein Dreieck, das von den verschiedenen Standpunkten aus unterschiedlich zu sehen ist. Wer hat recht?

Das, was wir als unsere Persönlichkeit bezeichnen, ist nichts anderes als die Summe unserer Vorurteile, Einstellungen, Meinungen und Überzeugungssysteme. Und jeder Teil der Summe

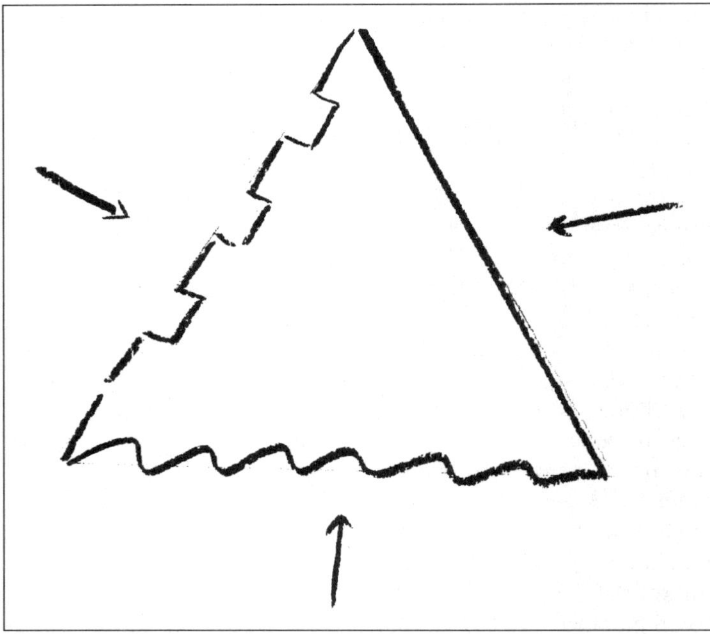

entstammt der Vergangenheit: Erziehung, Erfahrungen, angeborene und übernommene Verhaltensweisen. Alles verdichtet sich, wir identifizieren uns damit und nennen es unsere Persönlichkeit. Dabei sind es nur Muster, die irgendwann einmal unserem Verstand eingeprägt wurden und ein naives Bild von der Wirklichkeit zeichnen – ohne Perspektive und ohne Tiefenschärfe.

Jeder Mensch trägt seine ganz individuelle »Landkarte« in sich: seine Überzeugungssysteme, die ihm eine Orientierung im Leben ermöglichen. Doch können Sie anhand einer Landkarte erkennen, wie die Gegend wirklich aussieht? Sie gibt Ihnen nur eine Möglichkeit der Orientierung. Die Straßen, die auf der Landkarte gelb, und die Häuser, die rot eingezeichnet sind, sehen in der Realität völlig anders aus. Die Landkarte ist nur ein Abbild der Realität, sie kann die Wirklichkeit nicht darstellen.

Nicht Tatsachen, sondern Meinungen über Tatsachen bestimmen das Zusammenleben.
EPIKTET

Überzeugungssysteme sind ein wichtiger Teil Ihrer Identität und Ausdruck Ihrer Persönlichkeit, auch wenn ein Großteil im Laufe der Zeit im Unbewußten gespeichert wird und von dort aus wirkt. Jeder von uns hat im Laufe seines Lebens eine Sammlung von Überzeugungssystemen angelegt. Einige sind durch Erfahrungen hart erarbeitet, andere wurden einfach übernommen.

Leben funktioniert nicht mit mechanistischen Überlegungen und Überzeugungssystemen. Wir robotern über Jahre mit alten Folgerungen durchs Leben und konstruieren die Wirklichkeit. Alles hat seine Lebendigkeit verloren. Jeder hat das Recht, aus seiner Sicht und auf seiner Ebene recht zu haben. Das ist gut so, und in Routinesituationen ist es auch nützlich, auf seinem Recht zu beharren. Hier sind die Gewohnheiten ein zuverlässiger Klebstoff, der alles zusammenhält. Aber in neuen Situationen – und davon gibt es täglich mehr, als wir denken – ist die Gewohnheit, auf seinen Erfahrungen zu beharren, gefährlich. Hier verhindert es der Klebstoff der Gewohnheiten, flexibel am Spiel des Lebens teilzunehmen und zu gewinnen. Recht haben erzeugt Verliererstrukturen.

Sie sind dafür verantwortlich, ob Sie auf die Realität da draußen angemessen reagieren oder ob Sie sich, umzingelt von problematischen Themen, das Leben selbst schwermachen. Sie haben immer die Entscheidungsfreiheit, entspannt zu reagieren. Denn die Welt besteht nicht aus Problemen.

Von sich aus gibt es kein einziges Problem auf der Welt. Alle Probleme entstehen erst in unseren Köpfen. Sie entstehen durch den Zusammenstoß der Welt draußen mit unseren Überzeugungssystemen drinnen. Wenn jemand etwas anderes behauptet als das, was Sie glauben – also als das, was Sie für richtig hal-

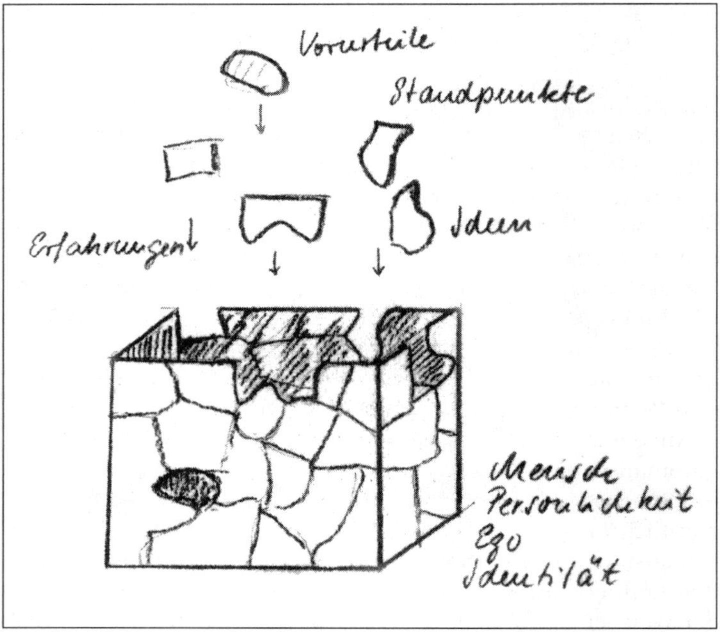

ten –, sind Sie gezwungen, recht zu behalten. Sie wollen recht behalten, um die Überzeugungssysteme, die Sie sich im Laufe Ihres Lebens erworben haben, zu retten.

Solange Ihre Überzeugungssysteme Sie steuern, solange Sie eine genaue Vorstellung, eine Überzeugung von dem haben, wie alles auszusehen hat, eine feste Erwartungshaltung, wird das Erleben dessen, was tatsächlich ist, zerstört werden. Sie erwarten immer etwas anderes als das, was gerade ist. Und die Möglichkeiten, die vorhanden sind, werden nicht einmal bemerkt.

Vertrauensbildende Programme

Ein schönes Beispiel für unbewußte Programme, durch die Sie Ihr Leben in der Welt managen, ist Ihr Vertrauensprogramm. Nicht jeder findet jeden sympathisch oder kann aller Welt offen und in Vertrauen gegenübertreten. Denken Sie einmal darüber nach, wovon es abhängt, ob Sie einem Menschen vertrauen oder nicht. Welches Verhalten, welche Umstände oder welche Signale bewegen Sie dazu, jemandem zu vertrauen? Ist es die Kleidung, die Gestik oder vielleicht ein Lächeln, auf das Sie mit Ihrem im Unterbewußten abgespeicherten Vertrauensprogramm reagieren? Sie können sich vorstellen, daß jeder Mensch sein Vertrauensprogramm an anderen Kriterien festmacht.

Auf der einen Seite ist Ihr Vertrauensprogramm eine wichtige, automatisch funktionierende Entscheidungshilfe, auf der anderen Seite limitiert es Sie aber auch und läßt Sie Unbekannten oft ängstlich und verschlossen gegenübertreten. Je breiter Ihr Vertrauensprogramm angelegt ist und je bewußter Sie damit umgehen können, desto offener und flexibler wird Ihr Umgang mit der Welt sein.

Auch Ihrem Vertrauensprogramm liegen einige Überzeugungssysteme zugrunde. Was hindert Sie daran, diese Überzeugungssysteme zu erweitern und so reicher an Alternativen und Erfahrungsmöglichkeiten zu werden? Die letzte Entscheidung können Sie immer noch früh genug im Bewußtsein treffen. Je bewußter Sie mit Ihren Überzeugungssystemen umgehen können, um so mehr wird sich Ihr Kopf von einer Problemfabrik in eine Kreativfabrik verwandeln. Für diese Verwandlung und somit für die volle Ausschöpfung Ihres kreativen Potentials tragen Sie allein die Verantwortung.

Robert, der Nager

Robert ist ein attraktives rotbraunes Eichhörnchen. Es ist zu Hause in einem Käfig mit vier verschlossenen Türen. Hinter jeder befindet sich ein Tunnel. In Tunnel 3 werden heute schmackhafte Haselnüsse angeboten. Alle Türchen öffnen sich, und nach einer gewissen Zeit der Prüfung von Tunnel 1, 2 und 4 findet Robert in Tunnel 3 die Nüsse. Und das geht einige Tage so. Nun verändern die großen Götter im weißen Anzug das Experiment und legen die Nüsse in einen anderen Tunnel. Was wird jetzt passieren? Wieder öffnen sich die Türen, Robert sucht die Nüsse und findet sie entgegen der Gewohnheit nicht in Tunnel 3. Er stutzt. Dann rast er aus diesem Tunnel in den nächsten und – jawohl, heute liegen sie hier! Und nach einigen Tagen hat er sich daran gewöhnt, daß er die Nüsse in Tunnel 4 findet.

Gewohnheit ist König über den Verstand.
SPRICHWORT

Wie verändert sich da der Mensch? Wenn der Mensch die Möglichkeit in Tunnel 3 gefunden hat, ist er von Tunnel 3 überzeugt. Eichhörnchen sind von nichts überzeugt. Sie wissen, daß sie dort richtig sind, wo das Futter ist. Menschen interpretieren den gewohnten Tunnel als den einzig richtigen und halten daran fest. Und ist das Futter dort nicht mehr zu finden, sind sie ratlos und überlegen. Aber sie suchen es nicht woanders, sie sind auf Tunnel 3 konditioniert.

Das führt in Firmen-Meetings dazu, daß die anwesenden Herrschaften vor einem Problem stehen: Der Tunnel ist leer, wo könnten die Nüsse sein? Es wird geklagt, es wird klug beraten. Denn schließlich waren sie doch immer dort. Die Konzentration gilt auf jeden Fall dem Tunnel 3. Und weil nicht sein kann, was nicht sein darf, müßten die Nüsse dort doch nach wie vor noch zu finden sein.

Menschen leben nach dem Prinzip, daß sie recht haben. Sie halten dort fest, wo etwas war, auch wenn es nicht mehr dort ist. Sie bekommen es nicht wieder, wenn sie da suchen, wo es gerade war. Denn der große Gott im weißen Anzug verlegt laufend die Nüsse, immer wieder. Das ist ein Spiel, das ist der Lebens-Comic.

Überleben

Da gibt es dieses Spiel: Nenne mir ein Werkzeug, eine Farbe und ein Musikinstrument. In unserem Kulturkreis werden zumeist Hammer, Rot und Geige genannt. Und es gibt noch ein Spiel: Bitten Sie jemanden, fortlaufend »Blut, Blut, Blut Blut…« zu sagen. Wenn Sie ihn nach 15 Sekunden fragen, was der Vampir trinkt, wird er natürlich richtig antworten: »Blut«. Dann soll er damit fortfahren, das Wort Blut permanent vor sich hinzusagen.

Nun fragen Sie ihn: »Wann fährst du über die Ampel?« Fast jeder wird antworten: »Bei Rot«. Und erst nach einer gewissen Zeit wird ihm auffallen, daß Grün eigentlich die richtige Antwort gewesen wäre. Reiz – Reaktion – Reiz – Reaktion. Manche Reaktionen sind schon Jahrtausende alt, aber dem Menschen der Neuzeit ebenso vertraut wie seinen Urahnen aus der Steinzeit. Es sind biologisch vorprogrammierte Reaktionen auf bestimmte Reize. Wenn Sie gedankenverloren eine Straße überqueren, wird die Hupe eines heranbrausenden Autos in Sekundenbruchteilen bei Ihnen eine Reaktion hervorrufen, die Ihr Überleben sichert.

Damals wie heute signalisieren bestimmte Reize Gefahr für Leib und Leben, und jeder von uns wird ohne zu überlegen etwas tun, um dieser Gefahr zu entkommen. Das uralte Prinzip »Flucht oder Angriff« gilt immer noch. Und es gilt auch, und heute besonders, wenn es um das Überleben auf der psychischen Ebene geht.

Denken heißt vergleichen.
WALTHER RATHENAU

Ihr Vorgesetzter braucht nur beiläufig zu sagen: »Lassen Sie das mal, Ihr Kollege kann das viel besser erledigen«, schon signalisiert das Gehirn: Gefahr in Verzug! Und schon laufen die gleichen Körpereaktionen ab wie bei einem Steinzeitmenschen, der um sein Überleben fürchtet: Adrenalin wird freigesetzt, das Herz schlägt schneller, der Blutdruck steigt, die Muskeln spannen sich. Der ganze Körper ist aktionsbereit. Am liebsten würden Sie jetzt mit einem gezielten Faustschlag den Angreifer außer Gefecht setzen. So könnten Sie die Energie ableiten, den Streß abbauen. Doch leider hat sich das nicht sehr bewährt. Statt dessen bleiben Sie cool sitzen und grinsen dem Widersacher frech ins Gesicht. Interessanterweise wird nicht mehr über den Verstand zurückgekoppelt. Es geschieht einfach.

Die drei Aufgaben des Verstandes möchte ich noch einmal kurz zusammenfassen: Er speichert die aus eigenen und übernommenen Erfahrungen gebildeten Überzeugungen. Die daraus abgeleiteten Standpunkte verteidigt er mit aller Kraft, um recht behalten zu können: nach außen, indem der Mensch anderen gegenüber seine Meinungen behauptet, und nach innen, indem er unbekannte Informationen herausfiltert, soweit es geht. Und er reagiert instinktiv auf physische und psychische Bedrohungen, um das Überleben zu sichern.

Nicht wir geben den Gedanken Audienz, sondern die Gedanken geben uns Audienz.
FRIEDRICH NIETZSCHE

Glauben Sie immer noch, bewußt entscheiden und handeln, vielleicht sogar bewußt sprechen zu können? Sagen Sie mal etwas. Sie werden beobachten, daß Sie nicht bewußt sprechen können. Sie denken den Sinn, aber die Worte fließen je nach Reiz und Reaktion automatisch. Natürlich gibt es Situationen, beispielsweise bei einem Referat, für die man die Worte exakt vorbereitet, die man zu sagen gedenkt. Doch das dürfte nur etwa ein Prozent des Sprechens ausmachen.

Die meisten Menschen glauben auch, daß sie bewußt denken. Doch das ist ebenfalls eine Illusion. Vielleicht sind fünf Prozent bewußt und 95 Prozent unbewußt. Das Denken ist ein Vorgehen wie die Bewegung eines Tausendfüßlers, der auch nicht über jeden Schritt nachdenkt. Es geschieht automatisch, man funktioniert, wie beim Autofahren: Gas geben, Ampel, stehenbleiben. Man hat Erfahrungen gemacht, die sich verselbständigen. Man weiß es, man denkt nicht darüber nach, doch die Reaktion ist da.

Aber Sie können sich Ihres Handelns bewußt werden und vielleicht auch lernen, bewußt zu denken. Bewußtes Denken ist in der Regel eine Retusche, ein Trick. Denn Sie können nur das denken, was in Ihnen vorgegeben ist. Sie können nicht denken, was Sie noch nicht kennen, Sie können nur im Rahmen Ihrer eigenen Realität denken. Das Erkennen dieses eingeschränkten

Denkens ist der erste Schritt des Bewußtseins, um neue Handlungsmöglichkeiten zu kreieren. Erst wenn Sie akzeptieren, daß Altes sterben muß, damit sich Neues entwickeln kann, werden Sie wirklich wachsen und sich verändern.

Der Tod des Samenkorns

Jeder Same birgt eine Sehnsucht
KHALIL GIBRAN

In der dunklen Erde liegt ein kleines Samenkorn mit einer großen Sehnsucht. Es möchte zu gern wissen, wie die Welt über der Erde aussieht. Es weiß, daß es dafür wachsen muß. Und es hätte alle Möglichkeiten, eine wunderschöne Pflanze zu werden.

Doch das Samenkorn will auf keinen Fall seine Gestalt verlieren. Wie aber kann es seine Schönheit entfalten, wenn es nicht bereit ist, sich zu verändern, durch die Erde zu brechen, aus dem Kreis seiner Gewohnheiten herauszutreten, die rote Linie zu überschreiten? Das Samenkorn kann nur dann werden, was in ihm liegt, wenn es sich selber aufgibt, sich selber zerstört, wenn es seine Form verändert. Es braucht Kraft, seinen Trieb nach oben zu schicken, und die Bereitschaft, die Reibung zu ertragen, während es durch die Erde an die Oberfläche drängt.

Auch ein Mensch hat nur dann eine Möglichkeit zu wachsen, wenn er bereit ist, sich zu verändern. Doch hat er wie das Samenkorn keinen Mut, seine alte Form aufzugeben, sie zu zerstören, kann er niemals über sich hinauswachsen und zu dem werden, was er in sich trägt. Er kann das Gewohnte nur hinter sich lassen, wenn er den Mut hat, neue Erfahrungen zuzulassen.

Mit jeder neuen Erfahrung stirbt der alte Mensch und wird zu etwas anderem. Jede Erfahrung bringt ihn ein Stück weiter. Überlegen Sie einmal: Was waren Sie vor zehn Jahren, vor fünf Jahren, vor einem Jahr? Manchmal verstehen Sie schon nicht mehr, wie Sie vor drei Monaten auf eine Situation reagiert haben.

Nichts geschieht ohne Risiko. Aber ohne Risiko geschieht auch nichts. HENRY FORD

Oft stehen Sie vor Entscheidungen, die auf einen Schlag das gewohnte Leben völlig verändern würden. Soll ich mich scheiden lassen, oder soll ich die bequeme, aber langweilige oder sogar anstrengende Ehe weiterführen? Soll ich noch einmal die Schulbank drücken oder den sicheren Job behalten? Vergessen Sie Ihre alten Überzeugungen und Muster, fragen Sie sich nach Ihren Sehnsüchten und Visionen. Wenn Sie all das in Ihrem jetzigen Leben nicht finden, dann sollten Sie sich für Veränderung und Wachstum entscheiden. Wagen Sie den Schritt ins Unbekannte. Wer am Ende ist, kann neu anfangen. Und der Anfang ist schon die Hälfte des Ganzen.

Wenn Sie es zulassen, werden Sie sich jeden Tag verändern. Auch wenn Sie ohne großartiges Abwägen der Möglichkeiten in eine neue Lebensrolle schlüpfen, werden Sie eine Entwicklung machen, die mit dem alten Menschen nichts mehr zu tun hat. Ein Junggeselle wird zum Ehemann, eine Ehefrau zur Mutter, ein Mitarbeiter zum Teamchef. Welche Veränderungen stehen dahinter! Natürlich schmerzt eine Veränderung der bisherigen Form zuweilen. Sicherlich wünscht sich der Ehemann manchmal zurück in die Junggesellentage, um mal wieder sorglos eine Nacht durchzumachen. Und der Teamchef stellt zwischendurch fest, daß es doch leichter war, mit weniger Verantwortung seinen Job zu erledigen. Auch die Mutter denkt manchmal, wie schön es jetzt wäre, mit der Freundin weiter zu plaudern, statt nach Hause zu hetzen und für die lieben Kleinen das Mittagessen zu kochen.

Einer Inspiration, einer Idee, einem Impuls eine Form zu geben, heißt begrenzen und abgrenzen. Eine feste Form zieht herunter in den Bereich des Vergänglichen. Das Leben hat keine feste Form. Leben heißt ständige Veränderung. Wer sich nie aus dem hinauswagt, was er ist, weil er Angst vor dem Neuen hat, wird wie das Samenkorn in der Erde verkümmern, wenn es nicht wachsen will.

Ego oder Selbst-Bewußtsein

Ein Samenkorn kann nicht entscheiden, ob es wachsen möchte oder den Tod in der dunklen Erde vorzieht. Es gehorcht den Gesetzen der Natur und entwickelt sich gemäß seinen Anlagen. Kein Verstand, kein Ego hindert es daran, zu dem zu werden, was ihm bestimmt ist.

Wie anders dagegen der Mensch. Nicht sein wirkliches Bewußtsein, sondern alte biologische Programme und in der Vergangenheit gebildete Muster sagen ihm, was er tun soll. Es ist sein Verstand, sein Ego, das ihm die Richtung vorgibt, in die er sich bewegt. Doch der Verstand ist nichts anderes als vorbeziehende Gedanken, vergleichbar den vorüberziehenden Wolken am Himmel. Und wie diese verändert er sich, ist abhängig von äußeren Einflüssen. Die Werte wechseln, die Inhalte variieren, das Ziel ist heute hier und morgen dort. Der Verstand, das Ego hat keine Stabilität.

Der Verstand und die Fähigkeit, ihn zu gebrauchen, sind zwei verschiedene Gaben.
FRANZ GRILLPARZER

Das Ego rennt dem Horizont nach, es ist die Prothese des Selbstbewußtseins. Es ist der nicht endende Lauf zum Horizont, das Haben-Spiel, die unendliche Spirale. Am liebsten hätte das Ego alles sofort, auf Knopfdruck. Hast du was, bist du was. Leider klappt diese Lebenslüge nicht. Sie haben zwar einen Verstand, aber Sie sind nicht der Verstand. Der Verstand ist nur das Ego in uns, das permanent um sein Überleben kämpft. Es hält Sie gefangen im Kreis der Gewohnheiten. Und dort ist kein Platz für Wachstum.

Der einzige Weg, wirklich zu wachsen, ist, das Ego vom Selbstbewußtsein trennen zu lernen. Nur das Selbstbewußtsein ist Audruck des wirklichen Selbst. Hier sind die wahrhaftigen Dinge, die außerhalb des Verstandes liegen. Haben Sie schon mal mit dem Verstand geliebt? Wohl kaum. Liebe macht blind, man fällt in Liebe. Das drückt es aus – der Kopf ist weg. Können Sie die Natur mit dem Verstand genießen? Versuchen Sie's mal, Sie werden den Unterschied bemerken. Es geht um die Unterscheidung zwischen Ego und Selbst-Bewußtsein. Bin ich es, der etwas erlebt, oder ist es mein Ego, das die Situation interpretiert und nur das gelten läßt, was mein Glaubenssystem zuläßt? Bin ich der Pilot, oder reagiert mein Autopilot auf die Situation?

Wie kann ich den Verstand beherrschen? – Wenn das wahre Selbst verwirklicht wird, gibt es keinen Verstand mehr zu beherrschen.
MAHARISHI

Ein Vorurteil ist ein Irrtum, der Wurzeln geschlagen hat. Was Sie in sich als Standpunkte gefestigt haben, sind nichts anderes als Vor-Urteile. Das Ego steht vor dem wirklichen Urteil und hindert Ihr Selbst-Bewußtsein. Nur damit können Sie sich entfalten und entwickeln. Wer im Ego steckenbleibt, verwickelt sich. Geben Sie jetzt alle Überzeugungssysteme, die Sie jemals hatten, symbolisch in eine Tüte, eines nach dem anderen, alle Vorurteile, alle Gefühle, Meinungen, Vorlieben, alle Freuden, allen Haß.

Und dann schnüren Sie die Tüte zu und werfen sie weg. Sie haben Ihre Persönlichkeit – persona, die Maske – weggeworfen. Und übrig bleibt Ihr Selbst, Ihr tatsächlicher Wesenskern.

Ein Standpunkt sollte nicht nur das sein, worauf man ständig stehen bleibt.
FRIEDL BEUTELROCK

Feste Standpunkte oder die Summe all Ihrer Standpunkte, die wieder in Überzeugungssysteme übergehen, sind Gewohnheiten. Gewohnheiten sind häufig »Vorgesetzte«, die man nicht bemerkt. Gewohnheiten und Standpunkte sind anfangs Spinnweben, später werden sie zu Drahtseilen. So wie die Ameise das Glühwürmchen für ein großes Licht hält, kann man selber seine eigenen Standpunkte als den Standpunkt im Leben bezeichnen.

Doch Erwartungen entstehen aus einer Frustration im Jetzt. Sich mit dem Ego, der Summe seiner Standpunkte, zu identifizieren heißt, daß Sie sich ein Etikett aufkleben. Aber Etiketten gehören auf Flaschen und führen letztendlich zu der geistigen Flexibilität einer Eisenbahnschwelle. Der Mensch lernt, solange er lebt, und doch wird er unwissend sterben. Aber es geht um diesen Wachstumsbegriff und um diese Entwicklung. Es geht um eine ständige Neugeburt, eine ständige Erweiterung des eigenen Bewußtseins. Wie sagt eine Volksweisheit so schön: Gott hat die ein Gesicht gegeben, lächeln mußt du selber. Last but not least: Jeder hat zwei Leben – eines, das er lebt, und eines, das er leben möchte. Leben Sie das Leben, das Sie möchten. Der Weg dorthin ist die Integration aller Standpunkte.

Neue Standpunkte erschließen neue Blinkwinkel

1. Überlegen Sie: Wann hat Sie das Beharren auf einem Ihrer Standpunkte bei einer Entscheidung oder einer Handlung behindert? Finden Sie drei Standpunkte, die Ihnen häufig im Wege stehen.
2. Wo liegt der Ursprung dieser Standpunkte? Ist es ein von anderen übernommener Standpunkt, oder haben Sie ihn selbst aufgebaut? Wenn Sie zu jedem Standpunkt überzeugende Argumente suchen, werden Sie entdecken, was dahintersteht.
3. Zu jedem Sie blockierenden Standpunkt gibt es Alternativen. Finden Sie Standpunkte, die Ihre bisherigen ersetzen könnten, und wählen Sie die heraus, die Ihnen genügend Power für Ihre Handlungen geben. Bekräftigen Sie diese neuen Standorte so lange durch überzeugende Argumente, bis Sie sich mit ihnen identifizieren können.

Werft ab euren Schlaf, eure Trägheit! Werft ab die Gefangenenketten! Werft ab eure Schwäche, werft ab euer Leid! Gebunden ist, wer sich gebunden glaubt, und frei, wer glaubt, frei zu sein.
YESUDIAN

5 Persönliche Selbstverantwortung

Das Problem-Chart

Sie sind jetzt herzlich eingeladen, sich mit einer der fundamentalsten Erkenntnisse auseinanderzusetzen, die Menschen jemals haben werden. Das, was wir uns im folgenden ansehen werden, ist zu vergleichen mit der Transformation eines nutzlosen Steins in einen glänzenden Diamanten. Sicher werden Sie die Kernaussagen der folgenden 16 Lektionen in Ihrem Kopf als bekannt abbuchen. Doch haben Sie sie auch in Ihrem Herzen verankert? Denn erst dann werden sie einen entscheidenden Einfluß auf Ihre Handlungsfähigkeit ausüben. Am Ende dieses Kapitels werden Sie das in aller Tiefe nachvollziehen können – und das mag bei dem einen oder anderen vielleicht sogar einen kleinen mentalen Schock auslösen.

Zur Einstimmung bitte ich Sie, das vorgezeichnete Chart auszufüllen. Denn sicherlich gibt es auch für Sie zur Zeit einige Situationen, die sehr belastend sind, ob gesundheitlich, beruflich oder ganz persönlich. Da gibt es die schweren Belastungen, die Ihnen Tag für Tag, Stunde um Stunde Ihre Energie rauben. Und es gibt die vielen kleinen Problemchen, die nur dann etwas Energie kosten, wenn Sie hin und wieder daran denken.

Tragen Sie in der nachstehenden Grafik zu jedem der angegebenen Bereiche jeweils drei Situationen ein, deren Bewältigung Sie enorme Energie kostet. In der Spalte 1 bewerten Sie die Belastung mit einer Zahl zwischen 0 und 100. Wenn Ihnen eine Angelegenheit soviel Energie nimmt, daß für anderes fast keine

Kraft mehr bleibt, wird sie mit 100 bewertet. Ist es ein Konflikt am Arbeitsplatz, der Sie im Privatleben aber nicht weiter belastet, könnte die Wertung bei 50 liegen. Und stellen Sie allwöchentlich nach dem Kegelabend fest, daß Sie endlich abnehmen sollten, weil selbst eine so geringe körperliche Tätigkeit Sie immens anstrengt, dann mag die Belastung bei 10 liegen. Die Spalte 2 vergessen Sie bitte vorerst.

Schauen wir uns in dem folgenden Beispiel einmal an, wie das Chart aussehen könnte:

Problem	**1**	**2**
Privat		
1. Ich fühle mich von meinem Partner ungeliebt.	90	
2. Mein Sohn ist ein schlechter Schüler.	20	
3. Ich habe keine Freunde.	70	
Beruf		
1. Ich habe keine Aufstiegschancen	70	
2. Kollege X intrigiert.	20	
3. Die Sekretärin ist unzuverlässig.	35	
Körper		
1. Ich rauche zuviel.	60	
2. Ich habe starkes Übergewicht.	50	
3. Bei der geringsten Aufregung bekomme ich starke Magenschmerzen.	80	

Die wenigsten Menschen können sich wohl ohne Schwierigkeiten damit abfinden, von ihrem Partner nicht geliebt zu werden. Wenn zudem noch Freunde fehlen, liegt die hohe Bewertung von 90 und 70 auf der Hand. Die schlechten Schulleistungen des Sohnes wecken zwar manchmal Sorgen um seine Zukunft, aber noch ist nicht aller Tage Abend. Die fehlenden Aufstiegschancen im Beruf wiegen da schon schwerer. Sie sind mit 70 bewertet, denn ein beruflicher Aufstieg wäre mit einem höheren Einkommen verbunden und würde die durch einen Hauskauf entstandene finanzielle Belastung erheblich reduzieren. Daß Kollege X intrigiert, ist zwar unangenehm, wird aber nur mit 20 bewertet, da dies innerhalb der Firma bekannt ist und nur in wenigen Situationen zu Konflikten führt. Die Belastung durch die unzuverlässige Sekretärin liegt bei 35, denn es erfordert einen zusätzlichen Arbeitsaufwand, wenn Sie immer wieder kontrollieren, ob wichtige Aufgaben erledigt wurden.

Die Angaben im körperlichen Bereich brauchen hier wohl nicht näher erläutert zu werden.

So, nun sind Sie an der Reihe. Seien Sie bitte ehrlich zu sich selbst. Das, was Sie jetzt ganz schnell wieder vergessen wollten, ist vielleicht genau das, worauf es ankommt. Zum Ende des Kapitels werden wir auf das von Ihnen ausgefüllte Chart zurückkommen.

Problem	**1**	**2**
Privat 1. __________ 2. __________ 3. __________		
Beruf 1. __________ 2. __________ 3. __________		
Körper 1. __________ 2. __________ 3. __________		

Lektion 1: Musik

Fragen Sie einen Menschen, ob er für sein Leben selbst verantwortlich sei. Er wird Sie wohl mit großen Augen anschauen und nach einer Denkpause mit einem Ja antworten. Sicher, jeder von uns ist für sein Leben selbst verantwortlich, aber kaum jemand weiß, wie diese Verantwortung im einzelnen zu tragen ist und wie minimal die Details sind, auf die es ankommt, wollen wir wirklich die Verantwortung für unser Leben übernehmen.

Jeder hört doch nur, was er versteht.
JOHANN WOLFGANG VON GOETHE

Hören Sie doch einmal gemeinsam mit Freunden aufmerksam einem Musikstück zu, zum Beispiel Beethovens fünfter Symphonie. Danach schreibt jeder auf, welche Erinnerungen und Gefühle die Musik in ihm geweckt hat. Wie kommt es, daß Sie sich am liebsten die Ohren zugehalten hätten, während ein anderer bei der Musik förmlich zerging? Ein dritter hat diese Musik als hochdramatisch empfunden und mit einem heroischen Kampf assoziiert, ein vierter ist von tiefer Traurigkeit erfüllt.

Wie entstehen solche Unterschiede in der Wahrnehmung? Trotz der objektiv gleichen Musik hat jede Person ein anderes subjektives Erlebnis aufgebaut. Die Musik ist unterschiedlich aufgenommen worden, weil sie in jedem Kopf auf eine andere Empfängerstruktur gestoßen ist. Dieses Verarbeitungsmuster sorgt bei objektiv gleicher Musik für verschiedene subjektive Interpretationen, Assoziationen und Stimmungen.

Vielleicht haben Sie vor zehn Jahren diese Musik sogar geliebt, doch heute empfinden Sie großes Unbehagen dabei. Nun, die Noten der Musik sind die gleichen wie vor zehn oder vor hundert Jahren. Nur Ihre Wahrnehmung, Ihre Einstellung hat sich verändert. Das Leben ist ein Echo. Sie können nur das erfahren, was Sie bereit sind, in das Leben hineinzugeben. Für die subjektive Realität ist jeder selber verantwortlich. Sie allein sind also verantwortlich für Ihre Wahrnehmungen und damit auch für die Gefühle, die dadurch ausgelöst werden.

Lektion 2: Wald

Wie man in den Wald hineinruft, so schallt es heraus.
SPRICHWORT

Stellen Sie sich einen Wald vor, in dem sich vier Menschen befinden: ein Liebespaar, ein gestreßter Grüner, der die sterbenden Baumspitzen sieht, und ein Exhibitionist, der ein Opfer sucht. Der Wald ist neutral, bleibt immer der gleiche. Aber in den Köpfen der genannten Personen wird sich entsprechend den verschiedenen Bedürfnissen und Empfängerstrukturen immer ein anderer Wald darstellen. Seine Bedeutung erhält er erst durch unsere persönliche Interpretation.

Unsere persönliche Sichtweise bestimmt, ob wir im Leben mehr das Schöne oder mehr das Schlechte wahrnehmen. Wenn wir die Verantwortung für unser Leben tragen, übernehmen wir auch die Verantwortung für unsere Art zu sehen.

Ihre Persönlichkeit puzzelt sich ein Weltbild zusammen. Und der Reichtum der Welt ist abhängig von der Vielfalt und Flexibilität Ihrer Überzeugungssysteme.

Lektion 3: Farbe

Sollten Sie demnächst mit einigen experimentierfreudigen Menschen zusammen sein, dann nutzen Sie die Gelegenheit und bitten einen von ihnen, während der nächsten fünf Minuten alle roten Gegenstände in diesem Raum herauszusuchen und aufzuschreiben.

Einen zweiten bitten Sie, das gleiche mit allen blauen Gegenständen zu tun, und einen dritten, ebenso mit den gelben Gegenständen in diesem Raum zu verfahren. Sie können sicher sein, daß jeder von ihnen Gegenstände in den entsprechenden Farben finden wird.

Bei gleicher Umgebung lebt doch jeder in einer anderen Welt.
ARTHUR SCHOPENHAUER

Die Farben in diesem Beispiel sind vergleichbar mit den unterschiedlichen Überzeugungssystemen der Menschen. Und so unterschiedlich die Überzeugungssysteme sind, so unterschiedlich sind auch die Ergebnisse, die die Umwelt als Resultat präsentiert. Ob Ihr Überzeugungssystem Rot, Blau oder Gelb heißt, es sorgt dafür, daß Sie eine ganz bestimmte Sichtweise in diesem Leben einnehmen und nur das sehen, worauf Sie Ihre Aufmerksamkeit richten.

Da gibt es Sprichwörter, die Sie sicherlich kennen: »Das, was du säst, das wirst du ernten.« Oder: »Das, was du gibst, wirst du auch empfangen.« Oder: »Die Schönheit der Welt ist die Schönheit im Herzen des Betrachters.«

Wenn Ihnen plötzlich auffällt, daß Sie auf der Straße so vielen Liebespaaren wie niemals vorher begegnen, liegt das womöglich daran, daß Sie gerade selbst frisch verliebt sind. Mit Sicherheit steht die Welt auch nicht vor einer Überbevölkerungs-Katastrophe, weil Ihnen täglich mehrere werdende Mütter begegnen. Wahrscheinlicher ist, daß sich auch bei Ihnen Nachwuchs angesagt hat oder Sie sich zur Zeit, wenn auch vielleicht unbewußt, mit diesem Thema beschäftigen. Und der gleiche Wagentyp, den Sie in der letzten Woche bestellt haben, begegnet Ihnen auf einmal an jeder Straßenkreuzung. Aber auch das liegt nur daran, daß Sie Ihre Wahrnehmung verstärkt auf die Dinge lenken, die momentan in Ihrer Gedankenwelt vorherrschen.

Die Welt, die Dinge, die Situationen, die uns umgeben, sind, wie sie sind. Es ist immer unsere persönliche Entscheidung, ob wir aus dem, was wir sehen, etwas Angenehmes oder etwas Unangenehmes machen. Was für den einen ein Problem darstellt, sieht ein anderer als Chance.

Lektion 4: Schulterschlag

Ein Mensch, den Sie absolut ablehnen und als sehr unsympathisch empfinden, kommt auf Sie zu und klopft Ihnen auf die Schulter. Höchstwahrscheinlich werden Sie diese Berührung als unangenehm empfinden und sich unwohl fühlen. Wie wäre Ihr Gefühl, wenn jemand, den Sie sehr gerne mögen, auf Sie zukommt und Ihnen in genau der gleichen Art auf die Schulter klopft? Sehr wahrscheinlich angenehm.

Wenn wir unterstellen, daß das Schulterklopfen in beiden Situationen absolut gleich war, verursacht also nicht das Schulterklopfen Ihr Gefühl, sondern Ihre Interpretation, die Sie damit verbinden.

Das gleiche wird geschehen, wenn Sie jemanden bitten, mit geschlossenen Augen intensiv an eine ungeliebte Person zu denken. Legen Sie ihm jetzt Ihre Hand auf die Schulter, wird diese Berührung unangenehme Gefühle hervorrufen. Das wäre sicherlich anders, wenn die Gedanken einem lieben Menschen gegolten hätten.

Selbstverantwortung heißt also im praktischen Sinne, die Verantwortung für Ihre Interpretation zu übernehmen. Die Schulterberührung können Sie als Symbol für die Umwelt sehen: Es ist nicht die Umwelt, sondern die eigene Interpretation, die ein angenehmes oder unangenehmes Gefühl auslöst.

Wie der Mensch sich ärgert, so ist er. Wenn man will, kann man sich den ganzen Tag ärgern, aber niemand ist dazu verpflichtet. Ihre Interpretationen erschaffen Ihre Realität.

Jede Realität ist subjektiv und damit verschieden von der eines anderen Menschen. Es hängt immer davon ab, was Sie bereit sind, in eine Situation hineinzugeben. Sie sind selbst verantwortlich.

Lektion 5: Wenn du nur...

Das Lächeln, das du aussendest, kehrt zu dir zurück.
INDISCHE WEISHEIT

In Seminaren bitte ich die Teilnehmer häufig, daß jeder auf einen anderen bezogen aufschreibt, was dieser tun sollte, um die Zusammenarbeit in der Gruppe besser zu gestalten. Das ist der leichte Teil der Aufgabe, denn es findet sich meist vieles, was jemand anderes tun könnte, damit es einem selbst besser geht. Doch nachdem die Teilnehmer ihre Notizen noch einmal durchgelesen haben, sollen sie Antworten auf die Frage finden: Was kann ich tun, damit die Zusammenarbeit besser wird? Und plötzlich wird das System klar: Das, was ich hineingebe, bekomme ich auch zurück.

Alles, was Ihnen zustößt, ist ein Echo auf das, was Sie sind. Es liegt in Ihrer Verantwortung, ob die Welt Ihnen das gibt, was Sie erwarten. Wer nichts gibt, bekommt ebensowenig zurück.

Lektion 6: Kugeln

Das in der Zeichnung dargestellte Kugelspiel ist wohl den meisten von Ihnen bekannt. Vielleicht haben Sie es sogar auf Ihrem Schreibtisch stehen und lassen sich in nachdenklichen Momenten immer wieder von den gleichmäßigen Bewegungen der Kugeln faszinieren. Es ist Ihnen klar, daß diese sieben Kugeln ein physikalisches Grundgesetz repräsentieren. Aber ist Ihnen schon die Analogie zu einem der wichtigsten Lebensgesetze aufgefallen?

Nun, sollten Sie gerade ein solches Spiel in greifbarer Nähe haben, dann schubsen Sie doch einmal mit der ersten Kugel die anderen an. In dem Moment, in dem diese Kugel gegen die übrigen prallt, reagieren nicht etwa alle darauf. Nur die hintere pendelt zurück und wieder vor, stößt dabei gegen die anderen Kugeln, und wieder reagiert nur die äußere auf diesen Anstoß. Eine unendliche, rhythmische Bewegung! Von sieben Kugeln setzen Sie die erste in Bewegung, und nur die siebte reagiert, alle übrigen bleiben ruhig. Das gleiche erleben Sie mit zwei Kugeln: Zwei geben den Anstoß, und nur zwei reagieren. Das können Sie so weit fortsetzen, bis sechs Kugeln gemeinsam gegen die siebte schwingen und sie in ihre Bewegung mit einbeziehen. Doch in dem Moment, in dem diese siebte Kugel in die Bewegung aufgenommen wird, verharrt die erste Kugel in Ruhe, wird von den zurückkommenden wieder in den Rhythmus einbezogen, und die siebte Kugel bleibt nun unbewegt.

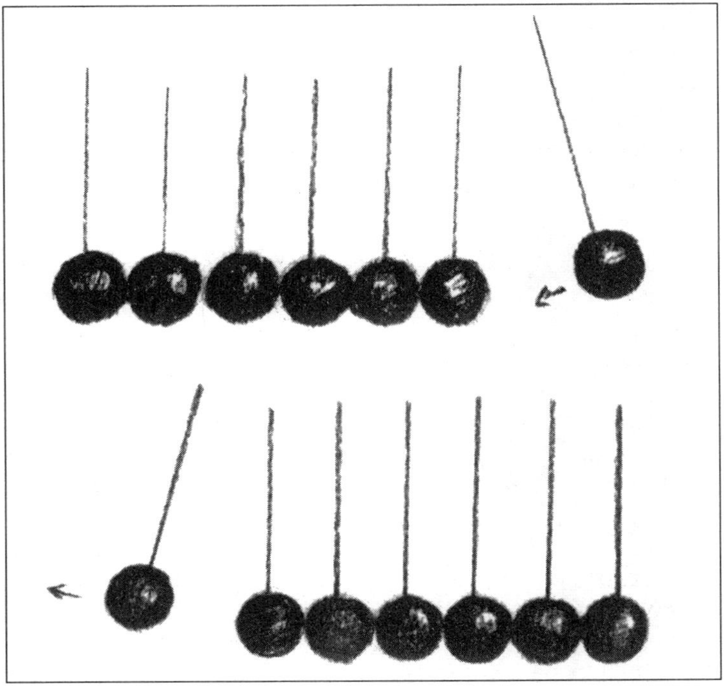

Was Sie ins Leben hineingeben, bekommen Sie auch heraus. Nehmen Sie die Kugeln als Symbol für eine Situation. Zuerst ist sie ruhig, völlig neutral. Dann nehmen Sie eine Kugel voller Ärger und setzen damit die Situation in Bewegung. Der Ärger, den Sie hineingeben, kommt aber wieder zu Ihnen zurück. Geben Sie drei, vier, fünf oder sechs Kugeln Ärger in die Situation, schwingt ebenso viel wieder zurück. Es spielt keine Rolle, ob Sie alle Kugeln gemeinsam als Sinnbild für ein Gefühl in die Situation geben oder ob Sie jeder Kugel ein anderes Gefühl zuschreiben: Alles, was Sie in eine Situation hineingeben, kommt wieder zu Ihnen zurück. Das Erfreuliche daran ist, daß dieses Prinzip auch für die positiven Wahrnehmungen und Empfindungen gilt. Das Maß an Akzeptanz, Vergnügen oder Freude, das Sie in eine Sache geben, wird immer wieder zu Ihnen zurückkommen.

Es wäre wohl die höchste Daseinsqualität, wenn alle sieben Kugeln in einer fortwährenden, gleichmäßigen Schwingung blieben, ohne daß eine von ihnen erlahmt. Aber vielleicht steht die eine Kugel, die nicht mitschwingt, für das Spannende im Leben, für die Reibung, das Risiko, den Anstoß.

Lektion 7: Neue Fenster

Halte dich sauber und hell: Du bist das Fenster, durch das du die Welt sehen mußt.
GEORGE BERNARD SHAW

Aus dem Küchenfenster ihres Hauses konnten ein Mann und seine Frau auf den Garten der Nachbarin blicken, die bei schönem Wetter dort ihre Wäsche aufzuhängen pflegte. Und wann immer die Nachbarin ihre Wäsche im Garten trocknete, wies die Frau ihren Mann darauf hin, wie grau doch die Wäsche der Nachbarin sei und wie weiß und strahlend dagegen ihre. So verging ein Jahr um das andere. Eines Tages, als die liebe Frau vom vielen Waschen müde war und das Müttergenesungswerk sie zu einer Kur schickte, blieb der arme Mann allein zu Hause.

Jeder wird nun denken, daß er der bösen Nachbarin zum Opfer gefallen wäre. Aber nein, es kommt viel schlimmer: Um seiner lieben Frau eine Freude zu machen, renovierte er die ganze Wohnung und ließ zusätzlich ein Fenster einsetzen, natürlich auch in der Küche. Nun ahnen wir den Ausgang schon und sind auch gar nicht überrascht: Geblendet von dem Wäsche-Weiß der bösen Nachbarin, fiel die Frau bei ihrer Rückkehr in eine kleine Ohnmacht, aus der es nur noch ein böses Erwachen gab. Die Moral: Im Land der Riesenwaschkraft ist ein getrübter Blick der beste Strahlenschutz.

Ich fand heraus, daß ich immer die Wahl habe – auch wenn sie manchmal nur darin besteht, die Dinge anders zu sehen.
JUDITH KNOWLTON

Diese Geschichte, die sich in unserem Land mehrmals täglich abspielt, zeigt, daß unsere Überzeugungssysteme und Standpunkte dafür sorgen, daß wir eine ganz bestimmte Sichtweise für die Welt entwickeln. Die beste Art zu sehen ist, etwas einzusehen. Und die Konsequenz, die sich daraus ergibt, ist, sich die Einsicht, die Erkenntnis nicht durch Standpunkte und Überzeugungssysteme versperren zu lassen. Es liegt in Ihrer Verantwortung, ob und wie weit Sie bereit sind, eine Situation einzusehen.

Lektion 8: Hände

Erlauben Sie sich im Beisein anderer Menschen einmal den Spaß und kleben sich auf die eine Handfläche einen roten und auf die andere einen gelben Punkt. Dann heben Sie beide Hände hoch, so daß die anderen die Handflächen sehen können, und fragen, was denn zu sehen sei.

Die einen sehen einen roten Punkt, die anderen den gelben – klar. Aber die Frage war, was zu sehen ist. Und da gibt es wohl mehr als einen gelben oder roten Punkt: eine Hand, einen Arm, vielleicht auch eine Uhr, sogar einen Menschen, der die Hände hebt... Doch durch die manipulative Fragestellung konnte bei den anderen nur eine selektive Wahrnehmung erfolgen.

Der Fokus in uns selber bestimmt, was wir sehen. Und das ist immer das, was wir für vermeintlich wichtig halten, was unseren Standpunkten entspricht. Aber der Fokus kann verändert oder vergrößert werden, andere Wahrnehmungen, Interpretationen und Gefühle zulassen. Es liegt in Ihrem Ermessen.

Lektion 9: Linse

Zeichnen Sie einen Halbkreis auf, und fragen Sie jemanden, ob die Wölbung konvex oder konkav sei. Schnell ist hier zu erkennen: Es kommt darauf an, von welcher Seite er auf die Wölbung schaut.

Keine Tatsache, keine Realität bedingt psychologischen Schmerz. Nur die Interpretation einer Tatsache, das, was der Mensch selbst hinzufügt, ist der Auslöser für Schmerz oder Freude. Es ist immer eine Frage des Standpunktes und der daraus resultierenden Sichtweise. Wenn Sie wollen, können Sie jeden Standpunkt verändern. Sie können unangenehme Gefühle neutralisieren oder sogar in eine positive Richtung lenken. Was Sie empfinden ist immer die Konsequenz Ihrer Interpretation.

Lektion 10: Zehn Steine

Bevor Sie sich gleich mit all Ihren Belastungen und unangenehmen Situationen näher befassen, wäre vielleicht ein kleiner Spaziergang genau das Richtige. Bei dieser Gelegenheit sammeln Sie bitte zehn Steine, die so klein sein sollten, daß Sie sie alle in einer Hand halten können.

Wenn Sie nun nach Hause kommen, überlegen Sie einmal: Was wäre Ihnen lieber als das, was Sie jetzt gerade haben? Wo wären Sie lieber? Was würden Sie lieber tun? Was vermissen Sie in diesem Moment? Vielleicht wären Sie jetzt lieber in der Südsee, lieber bei einem Freund als bei Ihrer Familie, lieber im Wald als am Schreibtisch, lieber in einer schöneren Wohnung. Oder Sie würden es vorziehen, jetzt ein Konzert zu besuchen, ins Kino oder in ein schönes Restaurant zu gehen.

Die meisten Menschen machen sich selbst bloß durch übertriebene Forderungen an das Schicksal unzufrieden.
WILHELM VON HUMBOLDT

Wenn ich ein Buch lese und währenddessen daran denke, wo ich gerne wäre und was ich lieber tun würde, werde ich den Inhalt des Buches nicht aufnehmen können. Aber ich werde auch nichts von dem erleben, was mir jetzt lieber wäre. Leben ist immer eindimensional. Man kann nur das sein, wo man gerade ist: entweder hier oder woanders. Oder sind Sie etwa ein Telepath, der zwei Situationen parallel erleben kann? Wohl kaum! Sie können noch nicht einmal wissen, ob das, was Sie sich wünschen, wirklich besser ist als das, was Sie zur Zeit besitzen oder tun. Warum also halten Sie an solchen Gedanken fest? Sie berauben sich damit nur der Power, mit der Sie das Leben im Hier und Jetzt genießen könnten, und Sie werden unfähig, mit effektiven Handlungen den Moment zu verschönern.

Zehn Steine sind ein Symbol dafür, daß Sie zu einer Situation ein absolutes Ja sagen, daß Sie keinen Wunsch verspüren, woanders zu sein, etwas anderes zu tun, sondern daß diese Situation genau das ist, was Sie wollen. Ob Sie dabei fröhlich sind oder traurig, es spielt keine Rolle.

Sehen Sie sich Ihre derzeitige Situation an. Wie viele Steine nehmen Sie weg, um diese Situation darzustellen? Wie viele fehlen Ihnen, um dieses absolute Ja sagen zu können? Vielleicht legen Sie jetzt einen Stein weg, weil Sie lieber im Urlaub wären, einen zweiten, weil Sie soviel Ärger im Beruf haben, den dritten, weil Sie gerne auf Hawaii wohnen möchten, den vierten, weil Sie sich einen anderen Partner wünschen, den fünften weil ...

Was brauchen Sie, und was muß passieren, damit Sie zu einer Situation ganz ja sagen können, damit Sie mit Herz und Verstand ganz da sein können und nichts anderes machen möchten? Wenn Sie zu dem stehen, was aktuell ist, selbst wenn Sie müde, vielleicht auch kränklich sind – was soll's! Wenn Sie genau das akzeptieren, was ist, wenn Sie über alles sprechen, was stört, haben Sie zehn Steine. Sie selbst sind verantwortlich für Ihr Leben, und das gilt in jeder Situation.

Hindernisse überwinden ist der Vollgenuß des Daseins.
ARTHUR SCHOPENHAUER

Vielleicht sorgen Sie sich um ein bevorstehendes Ereignis, dessen Ausgang noch ungewiß ist. Stellen Sie sich vor, alles sei zu hundert Prozent gewiß. Das wäre, als habe man sein Leben auf Video gesehen. Wäre dann noch Spannung da? Gibt es eine Situation in der Zukunft, die gewiß ist? Sie wird es nicht geben. Die Probleme, die Hindernisse geben die Würze.

Ein Leben mit zehn Steinen ist orgastisch und spannend. Sie selbst sind der Manipulator Ihrer Wahrnehmungen und Gefühle. Wenn Sie Angst haben, wenn irgend etwas nicht so richtig läuft, wenn Sie unter Spannung stehen oder etwas nicht bekommen – das ist ein unabänderlicher Teil des Lebens. Was spricht dagegen, auch diesen Teil mit zehn Steinen zu erleben? Stehen Sie dazu, und sagen Sie ja.

Wenn Sie nicht hier sein wollen, gehen Sie dorthin, wo Sie sein möchten. Aber es ist dämlich, sich mit negativer Energie aufzuladen, weil Sie an etwas denken, was im Moment nicht gegeben ist. Was jetzt nicht zu ändern ist, ist auch jetzt kein Problem. Wenn es zu ändern ist, dann sollten Sie es auch tun. Mehr gibt es darüber nicht zu sagen.

Lektion 11: Die Faust

Für die folgende Übung denken Sie bitte an ein Problem, das Sie zur Zeit stark beschäftigt. Dann konzentrieren Sie sich auf Ihre rechte Hand und ballen diese Hand sehr, sehr langsam zur Faust. Lassen Sie sich dabei alle Zeit der Welt!

Wenn Sie die Übung richtig, also langsam genug und mit voller Konzentration auf die sich ballende Faust gemacht haben, dürfen Sie sich jetzt eine interessante Frage stellen: Wo war Ihr Problem, während Sie die Hand zur Faust geballt haben? Sehr wahrscheinlich haben Sie es vergessen. Das Problem, das Sie im Kopf hatten, ist verschwunden, weil Sie sich auf Ihre rechte Hand konzentriert haben.

Das Leben ist ein Prozeß, in dem man sich darauf vorbereitet, neue Situationen zu meistern.
ALVIN TOFFLER

Damit ist bewiesen, daß es objektiv keine problematischen Situationen gibt. Probleme entstehen in Ihrem Kopf. Mit dieser Übung erkennen Sie, daß Sie durch Ihren Willen von Minute zu Minute darüber entscheiden können, woran Sie denken und woran nicht. Sie haben es in der Hand, sich auf das zu konzentrieren, was im Hier und Jetzt wirklich wichtig für Sie ist. Sie tragen die Verantwortung dafür, ob Sie ganz bei der Sache sind oder ob Sie sich durch irgendwelche Gedanken stören und nervös machen lassen.

Lektion 12: Richter

Der Mensch entwirft Langeweile und Unzufriedenheit auf einer intellektuellen Ebene. Sehen wir uns eine Übung aus der Seminarpraxis an. Einer der Teilnehmer spielt das Opfer, ein anderer den Richter. Der Richter fordert das Opfer auf, eine Situation aus seinem Leben zu beschreiben, in der es wirklich Opfer war, keine Chance hatte und völlig von der Umwelt beherrscht wurde. Also eine harte Geschichte, ein richtiger Reklamationsfall dieses Planeten. Anschließend fällt der Richter sein Urteil. Doch nicht wie erwartet über den Täter, sondern über das Opfer. Es ist ein hartes Urteil, nach dem Motto: Ein bißchen Opfer geht nicht. Und darum soll das arme Opfer nun zusätzlich noch drei heikle Fragen beantworten:

- Was hast du dazu beigetragen, daß es so gekommen ist?
- Was hast du unterschlagen?
- Was müßtest du sagen, um fair zu sein?

Am Ende jeder »Gerichtsverhandlung« ist das Opfer immer auf einem völlig neuen Erkenntnisstand und hat zu einer veränderten Interpretation gefunden.

Sie haben die Wahl: entweder Opfer und Selbstmitleid oder Handelnder und Selbstverantwortung. Es ist Ihr Lebens-Comic! Wenn Sie glauben, daß alles harmonisch verläuft, daß alles gut zu verstehen und alles zu schaffen ist, dann träumen Sie. Die Disharmonie bleibt. Die Frage ist, wie Sie damit umgehen.

Für ihren Liebhaber ist eine schöne Frau eine Freude, für den Asketen eine Ablenkung, für den Wolf eine gute Mahlzeit.
ZEN-SPRUCH

Der Übernahme der Selbstverantwortung folgt natürlich nicht automatisch die Lösung eines Problems. Aber das Problem als solches verschwindet, übrig bleibt eine Situation, die eine Lösung braucht. Sie können sich immer wieder einen Menschen vorstellen, der aus der gleichen Situation ein Problem macht – ein anderer schafft sich dieses Problem nicht. Wenn das so ist, können Sie in diesem Moment die Situation entsprechend verändern. Ein Messer ist ein Messer. Man kann damit ein Brot schneiden, man kann damit aber auch jemanden töten. Es kommt auf Ihre Interpretation an. Für die subjektive Realität sind Sie selber verantwortlich.

Lektion 13: Radio

In der Werkstatt eines Elektrikers stehen zwei Radios und warten darauf, repariert zu werden. Sie langweilen sich und beginnen eine Unterhaltung. Doch schon nach kurzer Zeit haben sie ein Problem: Das eine weiß nicht, wovon das andere redet. Und das liegt daran, daß eines nur die Programme der Kurzwelle empfängt, das andere die Programme der Langwelle. Keines der beiden Radios hat jemals andere Inhalte empfangen.

Das Menschenleben ist eine ständige Schule.
GOTTFRIED KELLER

Stellen Sie sich vor, Sie wären ein Radioapparat, der nur auf Mittelwelle empfangen kann. Natürlich könnten Sie dann auch nur die Programme spielen, die auf Mittelwelle gesendet werden. Zwar wären auch auf Lang-, Kurz- und Ultrakurzwelle Programme vorhanden, aber die könnten Sie nicht empfangen.

Bewußtseinserweiterung und somit Erweiterung Ihrer persönlichen Möglichkeiten heißt Erweiterung Ihrer »Empfangsmöglichkeiten«, Ihrer Glaubenssysteme. Werden Sie zu einem Radio, das auf allen Frequenzen Programme empfangen kann! Für den Reichtum und die Vielgestaltigkeit Ihrer Welt sind Sie selbst verantwortlich.

Übernehmen Sie die Verantwortung für das, was Sie aus den verschiedenen Situationen machen. Wenn Sie diese Verantwortung übernehmen, dann sind Sie es, der die Situation gestaltet. Sie sind der Schöpfer!

Lektion 14: Turm

Ein Leben im Kreis der Gewohnheiten ist so, als säßen Sie im Erdgeschoß eines hohen Turms. Zwar gibt es in jede Himmelsrichtung ein Fenster, so daß Sie aus verschiedenen Richtungen die Umwelt sehen können. Aber leider wird Ihnen bei dem einen der Ausblick durch den Stamm eines hohen Baumes versperrt, vor dem zweiten erhebt sich ein Erdwall, und aus dem dritten sehen Sie auf den in unmittelbarer Nähe beginnenden Wald. Nur aus dem vierten Fenster können Sie über eine grasbewachsene Ebene bis zum Horizont schauen. Im wahrsten Sinne des Wortes trübe Aussichten!

Was aber hindert Sie daran, die Treppen des Turmes hinaufzusteigen? Je höher Sie steigen, um so mehr werden Sie sehen.

Im ersten Stockwerk können Sie über den Erdwall hinwegschauen, im zweiten ein Stückchen Himmel über dem nahegelegenen Wald erkennen, im dritten sehen Sie die zarten Blüten des Birnbaumes, von dem Sie im Erdgeschoß nur den Stamm vor Augen hatten. Mit jedem weiteren Stockwerk entdecken Sie mehr von der Umwelt, wenn auch nach wie vor nur in den Ausschnitten, die die Fenster zulassen. Erst wenn Sie auf der Spitze des Turmes angelangt sind, kann Ihr Blick ohne Hindernisse umherschweifen und die Umwelt in ihrer Gesamtheit bemerken. Die Umwelt ist natürlich immer gleich geblieben, aber Ihr Blickwinkel hat sich verändert und führt zu neuen Erkenntnissen und anderen Interpretationen. Es liegt allein in Ihrer Verantwortung, ob Sie mit einem Leben im Erdgeschoß vorliebnehmen oder zum Aufstieg bereit sind, um dem Himmel näherzukommen.

Lektion 15: Spiegelwelt

Hast du auch sonst keinen Feind – mit dir selber hat dir deine Mutter den größten mit auf den Weg gegeben.
AUS BULGARIEN

Stellen Sie sich vor, jemand lebt in einer Kugel, deren Innenwand mit Spiegelglas bedeckt ist. Nirgends ist eine Lücke, durch die er aus der Kugel herausblicken könnte. Er kann nichts anderes sehen als das, was er auf der Spiegelwand wahrnimmt, und er glaubt, dies sei seine Umwelt. Sind Sie sicher, nicht in einer solchen Kugel zu leben? Sind Sie sicher, daß Sie die Umwelt realistisch wahrnehmen? Ist es nicht vielmehr so, daß die Umwelt immer die Projektion der eigenen Gefühle, Gedanken und Handlungen ist?

Sie stehen morgens schlechtgelaunt auf, weder beim Frühstück noch auf dem Weg zur Arbeit hebt sich Ihre Stimmung. Beim Betreten des Firmengebäudes brummelt Ihnen der Pförtner einen mürrischen Gruß entgegen, die Sekretärin hockt griesgrämig am Computer, und der Kollege brütet finster vor sich hin. Die ganze Welt hat einen schlechten Tag. Jeder ist brummig, gereizt, verärgert. Und natürlich geht auch alles schief, was schiefgehen kann. Wie anders dagegen verläuft ein Tag, den Sie mit einem fröhlichen Gesicht begrüßen! Die Menschen sind heiter, alles geht glatt von der Hand, das Leben macht Spaß.

Du gleichst dem Geist, den du begreifst.
JOHANN WOLFGANG VON GOETHE

Die Umwelt ist niemals so, wie Sie sie wahrnehmen. Ihre Wahrnehmung entspricht immer nur Ihnen selbst. Sie projizieren Ihre Gedanken, Gefühle und Handlungen in die Umwelt und bekommen es durch andere Menschen und durch die eigenen Interpretationen reflektiert.

Die Sekretärin ist gar nicht griesgrämig, sie reagiert nur zurückhaltend auf Ihr miesepetriges Gesicht. Und daß der Kollege vor sich hinbrütet, ist nichts anderes als Ihre Interpretation seines konzentrierten Ausdrucks. Wieder einmal wird klar: Jeder schafft sich seine Umwelt selbst. Jeder ist verantwortlich für seine Wahrnehmung und hat die Konsequenzen zu tragen, die sein »Spiegelbild« ihm präsentiert.

Lektion 16: Landkarte

Die Welt ist niemals so, wie wir glauben, daß sie ist. Jeder Mensch hat in seinem Kopf nur ein Abbild der Realität, gleich einer Landkarte, die uns hilft, von einem Ort zum anderen zu kommen. Nichts ist wirklich so, wie es auf der Landkarte dargestellt ist.

Die Autobahnen sind nicht rot, die Nebenstraßen nicht gelb, und auch die Städte sind alles andere als graue Flecken. Sie wissen nicht, ob der eingezeichnete Wald ein Laub- oder ein Tannenwald ist. Und ob Ihnen der große See am Rande der Autobahn gefällt, erfahren Sie auch erst, wenn Sie dort gewesen sind. Eine Landkarte ist nur ein Orientierungshilfe.

Die Landkarte im Kopf hat ebenfalls nichts mit der Realität zu tun, aber sie führt uns dorthin, wohin wir möchten. Wenn Sie mehrfach von Hannover nach Frankfurt gefahren sind, glauben Sie zu wissen, auf welchem Weg Sie Ihr Ziel am schnellsten erreichen. Sie kennen die Strecke und weichen nicht mehr davon ab. Bei der nächsten Fahrt nach Frankfurt ist die Autobahn wegen eines schweren Unfalls gesperrt. Um einen wichtigen Termin nicht zu versäumen, sind Sie gezwungen, einen Umweg zu fahren. Und erst dadurch lernen Sie eine neue Strecke kennen, die Sie ebenfalls zu Ihrem Ziel führt.

Unsere Bequemlichkeit hält uns in eingefahrenen Gleisen fest. Viel zu selten sind wir bereit, aus freien Stücken Unbekanntes zu wagen. Und oft zwingen uns erst unerwartete Ereignisse, Gewohntes zu verlassen und neue Wege kennenzulernen. Doch jeder bestimmt selbst, welche Wege er geht. Je mehr Möglichkeiten er aber kennt, die ihn durchs Dasein lenken und leiten, um so vielfältiger ist das Angebot, das ihm das Leben bietet.

Auflösung

Jetzt wissen Sie, was es heißt, die Verantwortung für das eigene Leben zu übernehmen. Wenn Sie bereit dazu sind, betrachten Sie noch einmal das Chart auf Seite 82, in das Sie zu Beginn des Kapitels die Bewertung belastender Situationen eingetragen haben. Wenn Sie wirklich bereit sind, für jede genannte Situation die 100prozentige Verantwortung zu übernehmen, dann vergessen Sie Ihre ursprüngliche Bewertung. Streichen Sie die Zahlen in der Spalte 1, und ersetzen Sie sie in der Spalte 2 durch die 100. 100 bedeutet, daß Sie akzeptieren, als einziger die Verantwortung für diese Belastungen übernehmen zu können.

Gefällt es Ihnen in Ihrer Firma nicht, dann denken Sie darüber nach, wer den Vertrag unterschrieben hat. Sie waren es! Also übernehmen Sie auch die Verantwortung für die Konsequenzen. Wenn Sie keine Zeit für Ihr Privatleben haben, übernehmen

Sie die Verantwortung dafür, und suchen Sie für dieses von Ihnen aufgebaute Problem eine gute, kreative Lösung. Wenn Sie die Verantwortung ablehnen, wird Ihr Job zur Belastung, das Privatleben zur Qual. Streß wird Ihr täglicher Begleiter.

Sicher, Sie werden durch diese Einstellung kein Problem inhaltlich lösen. Darum geht es hier auch nicht. Hier reden wir darüber, Situationen so zu interpretieren, daß sie kein Problem für Sie darstellen. Probleme entstehen nur im Kopf. Sie sind Resultate Ihrer ganz persönlichen Interpretationen.

Täter und Opfer – Gewinner und Verlierer

Es gibt Menschen, die immer von anderen Menschen abhängig sind, immer darauf warten, daß andere Menschen agieren: Das sind die Opfer. Sie können auf Situationen nur automatisch, also unbewußt, reagieren. Opfer werden zu Verlierern. Und wer bekommt die Schuld? Natürlich der Täter! Doch Täter werden zu Gewinnern, denn sie finden bewußte und kreative Antworten. Wer in der Opfer-Mentalität steckenbleibt, ist selber schuld daran, wenn es ihm schlecht geht.

Erwachsen zu sein heißt, verstanden zu haben, daß die Umwelt die Projektion des eigenen Verhaltens und der eigenen Gedanken ist. Wer das nachvollziehen kann und in aller Tiefe begreift, wird den versprochenen mentalen Schock bekommen. Dieses Begreifen hat gravierende Auswirkungen auf das aktive Handeln.

Erinnern Sie sich an die Standpunkte. Wer die Wandelbarkeit des eigenen Urteils erfahren hat, wird schwerlich anderen mit der Waffe des Vorurteils, des eigenen Standpunktes, entgegentreten.

Es gibt zwei Strategien, mit Problemen umzugehen. Die erste ist das Lernen aller möglichen Arten von Problemlösungstechniken. Aber halten Sie diesen Methoden-Tanz wirklich für sinnvoll? Sie können sich auf diese Weise von keinem Problem lösen, Sie werden nur neue schaffen. Der beste Weg im Umgang mit Problemen ist die Erweiterung des eigenen Denkens. Und dahin zielt die zweite Strategie: Lernen Sie, grundsätzlich mit Problemen umzugehen. Nur Sie selbst können sich helfen, da Sie es auch sind, der Situationen in Probleme verwandelt. Die Veränderung der Sichtweise liegt allein in Ihrer Hand!

Probleme sind Möglichkeiten in Arbeitskleidung.
HENRY J. KAISER

Die meisten Menschen glauben, das Leben sei erfolgreich, wenn es frei wäre von Problemen und Konflikten. Dabei geht es im Leben gar nicht darum, ein bestimmtes Klassenziel zu erreichen, das da heißt: keine Konflikte und keine Probleme.

Es geht einzig und allein darum, Probleme anders zu interpretieren. Es ist der Quantensprung im eigenen Bewußtsein, der aus den alten, überholten, starren Sichtweisen herausführt. Dann werden Sie jede Situation genießen können als ein Fest, als eine Möglichkeit, diese Welt zu verstehen und mit ihr umzugehen. Denn diese phantastische Reise, die wir Leben nennen, verliefe fade und eintönig ohne die Würze der Probleme und Konflikte.

Die Welt der Gewinner erwartet Sie!

1. Denken Sie an drei aktuelle Situationen, die Sie stark belasten, von denen Sie aber glauben, daß sie nicht in Ihrer Verantwortung liegen.
2. Schreiben Sie auf, was genau Sie an jeder Situation belastet, wer Ihrer Meinung nach dafür verantwortlich ist und warum Sie nichts daran ändern können.
3. Wenn Sie feststellen, daß Sie an der Situation an sich tatsächlich nichts verändern können, dann suchen Sie neue Interpretationen, um die jeweilige Situation anders zu beurteilen und damit besser umgehen zu können.

Die Meisterung des Lebens beginnt mit dem Augenblick, in dem wir selbst und nicht der Zufall unser Unterbewußtsein programmieren.
NIKOLAUS ENKELMANN

6 Was ist, das ist

Ein Stau ist ein Stau ist ein Stau…

Im Zeitlupentempo rollt die Blechlawine von Süden nach Norden. Und dann – nichts geht mehr. 30 Kilometer Stau! In der Mittagshitze dieses Sommertages sitzen unzählige Menschen in ihren Autos und warten darauf, daß es weitergeht.

Da sitzt ein Geschäftsmann in seiner Limousine, schwitzend, schimpfend, völlig gestreßt. Die Zeit drängt, der Kunde wartet, das Geschäft könnte platzen. Eine hübsche Rothaarige flirtet ungeniert mit dem älteren Herrn in dem schicken Sportflitzer neben ihr; ein junger Mann singt lauthals zur Musik aus dem Radio. Ein paar Autos weiter sitzt noch ein Geschäftsmann, ebenfalls auf dem Weg zu einem Kunden. Er hat das Verdeck geöffnet, läßt sich die Sonne ins Gesicht scheinen und träumt mit geschlossenen Augen von seinem letzten Urlaub. Manch einer liest die Zeitung, andere trommeln nervös mit den Fingern auf das Lenkrad. Und der Lastwagenfahrer nutzt die Zeit, um in Ruhe seinen Kaffee zu trinken und ein Brötchen zu essen.

Alle sind in der gleichen Situation: Stau auf der Autobahn. Der Stau an sich ist neutral, unproblematisch. Er ist einfach nur das, was er ist: Ein Stau ist ein Stau ist ein Stau – mehr nicht. Mit Sicherheit ist es für viele wichtig, möglichst schnell weiterfahren zu können, zum Kunden, zur Uni, zum Flughafen. Für manche hängt eine Menge davon ab, wenn sie ihr Ziel nicht pünktlich erreichen. Doch es ist völlig gleichgültig, wie jemand reagiert. Er kann sich aufregen, singen oder flirten, es geht nicht weiter.

Unsere Erlebnisse sind viel mehr als das, was wir hineinlegen, als das, was darinliegt.
FRIEDRICH NIETZSCHE

Wenn Sie in einem Stau stehen, hat das zuerst einmal etwas damit zu tun, daß Sie Auto fahren. Sie sind zwar nicht für den Stau verantwortlich, aber dafür, daß Sie sich entschlossen haben, Auto zu fahren. Denn Autofahren bedeutet, nicht immer zügig voranzukommen, sondern auch verstopfte Straßen und dadurch bedingte Wartezeiten in Kauf zu nehmen. Wenn Ihnen das klar ist, dürften Sie sich über einen Stau kaum mehr aufregen. Ein Stau an sich ist kein Malheur. Wenn Sie einen Stau als negativ bewerten, verderben Sie sich nicht nur die Laune oder sogar den ganzen Tag, Sie verderben sich auch die Chance, die Zeit für etwas anderes zu nutzen: Sie könnten Entspannungsübungen machen, ein Konzept neu überdenken, schönen Erinnerungen nachhängen, einen Schwatz mit anderen Wartenden halten.

Ändern Sie Ihre Überzeugung, daß ein Stau etwas Negatives sei. Ein Stau ist das, was er ist: ein Stau – nicht mehr und nicht weniger. Es bleibt Ihrer Phantasie überlassen, wie Sie damit umgehen. Nur denken Sie daran: Was Sie in eine Situation hineingeben, werden Sie zurückerhalten.

Kein Ereignis ist aus sich heraus unangenehm. Es ist einfach ein Ereignis, das ist alles. Akzeptieren Sie das, was ist, auch wenn es Ihnen unangenehm ist. Und dann handeln Sie!

Resistance leads to persistence

Wenn Sie sich aufregen, geht ein Teil Ihrer Energie in die Aufregung. Und dieser Teil fehlt Ihnen, um gute Lösungen zu finden. Ballen Sie Ihre Hände zu Fäusten. Geben Sie Ihre ganze Energie in die Fäuste, und dann versuchen Sie, eine Tasse zu halten, diese Seite umzublättern oder einen Gegenstand aufzuheben. Es geht nicht. Sie brauchen offene Hände, um handeln zu können. Gefesselte Hände können keinen Beifall klatschen.

Gleiches geschieht, wenn Sie mit Ihren Händen gegen die Hände eines anderen Menschen drücken. Je mehr Sie drücken, um so stärker drückt der andere dagegen. Druck erzeugt Gegendruck. Eine Spirale, die immer weiter nach oben geht. Sie sind gefangen in einer Situation, in der Sie sich nur auf die Anstrengung konzentrieren können. Sie haben keine Hand frei zum Handeln. Und auch im täglichen Leben gilt: resistance leads to persistence. Wenn Sie sich aufregen, wenn Sie etwas stört, dann gehen Sie dagegen an. Doch nur wenn Sie nicht mehr gegendrücken, wenn Sie nicht mehr gefangen sind in einer Situation, können Sie etwas verändern.

Drücken Sie einmal 20 Minuten lang mit Ihren Händen gegen eine Wand. Wenn Sie danach loslassen, werden Sie das Gefühl haben, die Wand fiele zusammen. Wenn Sie es gewohnt sind, immer gegenzudrücken, haben Sie die selektive Wahrnehmung, daß es ohne Druck nicht mehr geht. Aber: Fällt denn die Wand tatsächlich zusammen, wenn Sie nicht mehr dagegendrücken? Und genauso ist es auch im Leben: Sie lassen sich an der Nase herumführen.

Erfahrung ist nicht das, was mit einem Menschen geschieht. Sie ist das, was ein Mensch aus dem macht, was mit ihm geschieht.
ALDOUS HUXLEY

Alexis Sorbas baute die Brücke, und obwohl sie zusammenfiel, feierte er. Ich hatte einen starken Aktienverlust zu verschmerzen, doch statt mir vor Wut ein Monogramm in den Bauch zu beißen, lud ich einen Freund ein und feierte. Was wollen Sie anderes tun? Was ist, das ist. Also genießen Sie es doch! Schließlich sind Sie es, der eine Situation schafft. Wer sonst? Geben Sie also nicht dem Stau die Schuld, wenn Sie das Flugzeug verpassen, der Kunde nicht wartet, das Meeting ohne Sie beginnt. Ein Ding, eine Situation ist niemals die Ursache von etwas.

Die Suche nach der Ursache ist absurd. Es regnet, und Sie rutschen auf der nassen Straße aus. Ist »es« daran schuld? Oder Sie stolpern während eines gemütlichen Spaziergangs über einen Stein. Wo liegt die Ursache für den Schmerz, wer ist schuld an dem Ereignis? Der Stein, der Ihnen im Weg lag, oder Sie selbst, weil Sie nicht aufmerksam genug auf den Weg geachtet haben?

Ursache und Wirkung

Es ist müßig, nach den Ursachen zu suchen. Was auch passiert, es ist immer das Zusammentreffen von verschiedenen Ereignisketten, die in der Vergangenheit angelegt worden sind. Es ist das, was wir so schön als Zufall bezeichnen. Doch Zufall ist nur der Ausdruck für vorhandene, aber nicht erkennbare Ursachen. Zufall ist die Unkenntnis von Ursache und Wirkung. Der Fall des Würfels im Becher, der Aufwand, die Muskelkraft, die Stellung des Tisches.

Werfen Sie eine Münze. Warum zeigt sie den Kopf und nicht das Wappen? Das ist kein Zufall. Fragen Sie mal einen Physiker. Da gibt es den Luftwiderstand, das Eigengewicht – eine Kette von Voraussetzungen dafür, daß die Münze ausgerechnet so fiel. Zufall ist also nichts weiter als das vorläufige Ergebnis einer unendlichen Kette von Geschehnissen, die wir einfach nicht mehr überblicken können.

Was also nützt es, wenn Sie sich aufregen? Was auch passiert, es hat nichts mit Ihnen zu tun, es ist nur das Zusammentreffen verschiedener Ereignisketten. Natürlich sollten Sie die Ursachen der Ereignisse hinterfragen. Doch innerhalb dieses Kontexts ist es unerheblich und überflüssig, lange nach den Gründen zu forschen. Es ist Ihre Energie, die Sie in eine Anstrengung verpulvern, die zu nichts führt.

Es gibt keine Situation, die von sich aus problematisch ist. Es gibt nur die Wirkung eines Ereignisses. Und für die Wirkung sind Sie, Ihre Wahrnehmung und Ihre Interpretation des Ereignisses der direkte Auslöser. Sie sind die Wirkung – und jetzt machen wir einen intellektuellen Stopp. Also: Was ist, das ist.

Glück ist die Akzeptanz dessen, was ist

Wenden wir uns einen Moment dem Thema Glück zu. Wir wissen selten, was Glück ist, aber meistens können wir genau sagen, was Glück war. Glück ist aber mit Sicherheit nicht, wie manche behaupten, im neuen Auto mit 150 km/h durch die innere Leere zu fahren. Die Kenner wissen, daß Glück genauso anstrengend ist wie Unglück. Aber sie wissen auch, daß Glück das einzige ist, was sich verdoppelt, wenn sie es geben. Glück ist eine Frage der geistigen Einstellung. Hier die Definition, die ich Ihnen vorschlagen möchte: Glück ist die Akzeptanz dessen, was ist.

Wenn Sie die Verantwortung für die Interpretation einer Situation übernehmen und verstehen, daß Situationen erst einmal so sind, wie sie sind, gewinnen Sie die Freiheit, inhaltlich handeln zu können. Was ist, das ist, ist eine universelle Lebensregel. Das heißt nicht, daß das, was ist, gut ist. Das heißt nur, daß es ist, wie es ist. Sie können es ohnehin nicht mehr ändern.

Also akzeptieren Sie das, was ist, auch wenn es für Sie unangenehm ist. Summa summarum: Damit leben und nach vorne schauen. Glück ist Talent für das Schicksal!

Es ist der Geist, der gut oder böse macht, der traurig oder glücklich, arm oder reich macht.
EDMUND SPENSER

Ein Zen-Meister antwortete auf die Frage, was denn das wichtigste Wort im Zen sei: »Ja«. Auf die Frage nach dem zweitwichtigsten Wort gab er die gleiche Antwort, ebenfalls auf die Frage nach dem drittwichtigsten Wort. Was bedeuten seine Antworten? Nun, daß man zu den Dingen, die sind, ja sagt, und daß man die Realität, die man wahrnimmt, einfach so akzeptiert, wie sie ist. Das ist kein theoretisches Ja zu irgend etwas, es ist ein Ja zu all den Dingen, die sind. Seien es gute oder schlechte Ereignisse, angenehme oder unangenehme Situationen, positive oder negative Erfahrungen. Ob es nun das Elend in Afrika ist, die schlechte Wirtschaftslage, der Tod eines geliebten Menschen oder die boshafte Bemerkung eines Menschen über Ihr Verhalten.

Die drohende Arbeitslosigkeit mag für Sie ein Problem darstellen, für das Sie keine Lösung finden. Ihre Unfähigkeit, mit dem Leben umzugehen, projizieren Sie auf andere: Der Chef kann Sie nicht leiden, der Kollege hat Sie ausgetrickst, der Staat, die Weltwirtschaftslage, was auch immer. Sie versinken in Depression, empfinden das Leben als sinnlos, suchen Trost beim Alkohol und landen irgendwann auf der Parkbank. Pech? Wenn die Unfähigkeit ein Inkognito braucht, nennt sie sich Pech.

Nicht was wir erleben, sondern wie wir empfinden, was wir erleben, macht unser Schicksal aus.
MARIE VON EBNER-ESCHENBACH

Sie können die Situation auch als Anreiz sehen, Ihr Leben in eine andere Richtung zu lenken, etwas Neues ausprobieren, sich weiterbilden und einen hochinteressanten Job bekommen. Wenn Sie auch unangenehmen, negativen, scheinbar völlig ausweglosen Situationen aufmerksam gegenüberstehen, werden Sie wahrscheinlich Möglichkeiten kennenlernen, die Ihnen sonst verschlossen bleiben. Geduld und Ruhe sind keine Rennpferde, aber gute Zugpferde. Übernehmen Sie die Verantwortung für das, was Sie tun, wenn Sie eine Sache nicht ändern können. Die Chance winkt überall – wenn Sie genau hinsehen.

Lösungen aus der Distanz

Die meisten Menschen suchen innerhalb einer Denkebene nach Lösungen und schaffen damit stets neue Probleme. Und das frustriert, enttäuscht und führt zu aggressivem Verhalten. Probleme können nicht auf derselben Ebene gelöst werden, ohne neue zu schaffen. Da helfen weder Psychotricks noch Rhetoriktechniken oder Zeitmanagement. Das einzige, was hilft, ist, die Ebene zu wechseln.

Stellen Sie sich vor, jemand schüttet Ihnen ein Glas Wasser in den Nacken. Ihr Verstand wird wahrscheinlich aufschreien: »Du bist naß geworden. Das läßt du dir doch nicht gefallen? Tu' was, beschimpfe den, der es getan hat. Räche dich!« Wie werden Sie reagieren? Mit Schuldzuweisungen, wüstem Geschimpfe oder blödsinniger Rache? Nichts davon bewirkt, daß Sie wieder trocken werden. Aber Sie machen sich mit solchen Reaktionen selbst zum Opfer, zum Verlierer. Wie also werden Sie handeln, was werden Sie sagen, um aus dieser Situation als Gewinner hervorgehen zu können? Wenn Sie in übertragenem Sinne in Ihrem Leben einmal naß geworden sind, nützt es nichts, viel zu reden. Das einzige, was bleibt, ist zu handeln. Und wie Sie handeln, dafür sind Sie verantwortlich. Der Übernahme der Selbstverantwortung für Ihre Interpretation und das Verstehen, daß Situationen erst einmal sind, wie sie sind, gibt Ihnen eine riesige Freiheit. Eine Freiheit, die von Frustrationen, Ärger und anderen Verstimmungen erlöst. Sie können eine Problemsituation aus der Distanz betrachten und brauchen sich nicht mehr mit ihr zu identifizieren. Sie können das Problem von einer anderen Ebene aus betrachten.

Es heißt so schön: Wenn man ein Problem nicht lösen kann, sollte man sich vom Problem lösen, also auf Distanz gehen. Wie sonst sollte es ein Kameramann schaffen, auch in Krisensituationen scheinbar unberührt seinem Beruf nachzugehen? Die Kamera gibt ihm die nötige Distanz. Er nimmt die Situation nicht mehr mit den eigenen Augen wahr, sondern nur noch mit dem Auge der Kamera. Und schließlich sitzen Sie selbst oft genug vor dem Fernseher und bekommen die schrecklichsten Kriegsbilder frei Haus geliefert. Wären Sie mitten im Geschehen, blieben Sie wohl kaum so gelassen. Auch die Zeit schafft Distanz: Nach drei Wochen Urlaub kommen Sie zurück ins Büro, und das Problem, das Sie vorher hatten, ist weg. Es nimmt Ihnen keine Energie mehr. Wie doch zwei Wochen Ihre Interpretation verändern konnten!

Probleme hat man heutzutage fest im Griff, deshalb sind sie so schwer zu lösen.
RON KRITZFELD

Was ist, das ist. Es ist eine Frage, wie schnell Sie auf Distanz gehen können und darauf verzichten, anderen die Schuld für die eigene Situation zuzuweisen. Nicht Ihr Chef ist schuld, wenn Sie sich über sein unfreundliches Verhalten ärgern, Ihr Nachbar ist ebenfalls nicht schuld, wenn Sie sich über sein Getratsche aufregen, und auch Ihr Sohn ist nicht verantwortlich dafür, daß seine Kleidung Sie in Rage versetzt. Solange Sie wie ein Hamster im Rad das Problem umkreisen, werden Sie in Ihren negativen Gefühlen gefangen bleiben und keine Lösung finden.

Erst wenn Sie das Rad verlassen und von außen betrachten, können Sie Ihren Blickwinkel erweitern, zu neuen Interpretationen finden und letztendlich eine Lösung erkennen.

Denken Sie einmal darüber nach: Eine Rose ist eine Rose ist eine Rose. Rosen sind ein Zeichen der Liebe, aber auch des Abschieds; ihr Anblick kann Freude bereiten, der Duft ist aufdringlich oder angenehm, ihre Dornen können sogar verletzen. Was also ist eine Rose? Alles was dazwischen liegt, ist Ihre Interpretation. Ihre Einstellung ist die Ursache dieser Interpretationen. Der Mensch wird kopfgesteuert. Er kann entweder die Verantwortung für die Interpretation übernehmen, oder er kann Distanz schaffen. Und mit 50 lacht er vielleicht über ein Problem, das er mit 40 hatte. Der Mensch sieht die Welt durch seine Erfahrungs- und Glaubenssysteme. Das Lebensdrama im Job, im Privaten, im Sein. Man wählt selber, ob man mit im Container sitzt oder im Paradies.

Vom Ego zum Bewußtsein

Akzeptieren Sie das, was ist. Sie können es doch nicht ändern, sondern werden nur kostbare Kraft verlieren. Also konzentrieren Sie sich auf eine Lösung! Denken Sie daran: Das Ego will immer recht haben. Es sucht einen Schuldigen. Doch für den Ärger sind Ihre Interpretationen verantwortlich, nicht andere und nicht die Situation. Akzeptieren Sie, was Sie nicht ändern können. Dann haben Sie die Hände frei zum Handeln. Energie haben Sie nur, wenn Sie loslassen und annehmen.

Der Mensch ist eine Reiz-Reaktions-Maschine, wenn das Ego, der Verstand, ihn beherrscht. Je weiter er vom Mittelpunkt seines Wesenskerns entfernt ist, um so gebundener ist er an die Gesetze des Materiellen. Er kann sich aber auch der Dinge bewußt werden und das erschaffen, was er haben will. Er kann das eigene Leben gestalten, wenn er sich über die Gesetze des Materiellen erhebt, seine Interpretationen umformt, das Erleben ändert und das, was ist, anders erfährt. Von dieser höheren Ebene aus kann er die unteren Ebenen beherrschen.

Die Menschen neigen dazu, fundamentalen Veränderungen zu widerstreben, weil das Ego des einzelnen fürchtet, daß eine Verän-

Je mehr Sie sich Ihres Egos, Ihrer Glaubenssysteme bewußt werden, um so mehr werden Sie sich Ihrer selbst bewußt. Und je mehr Sie mit diesem Selbst-Bewußtsein Ihr Leben formen, um so weniger wird der Zufall Sie bestimmen. Es ist Ihr Wille, Sie bestimmen, was sein soll. Sie sind in der Lage, jeden Moment die Richtung zu ändern, ständig etwas Neues zu machen. Sie treffen immer wieder auf neue Straßenkreuzungen,

derung eine Bedrohung ihrer Persönlichkeit und ihrer Existenz ist.
DUDLEY LINCH

können etwas verändern und neu entscheiden. Zufall und unabdingbares Schicksal werden durch den Willen außer Kraft gesetzt. Die Frage ist nur, welcher Wille bei Ihnen agiert: der Wille des Egos, der Wille anderer oder der eigene Wille, das Selbst-Bewußtsein.

Meisterschaft im Leben

Es soll ja Menschen geben, die niemals und mit nichts und niemandem in ihrem Leben zufrieden sind. Ganz gleich, was sie haben, sie wollen etwas anderes. In allem und jedem sehen sie einen Grund dafür, daß es verändert werden muß, um richtig zu sein.

Und wenn es dann verändert ist, glauben sie, daß es noch etwas Besseres gibt. Sie werden niemals zufrieden sein, selbst wenn sie das bekommen, was sie sich gewünscht haben. Sie probieren sich durchs Leben: Hier eine neue Bekanntschaft, dort ein neuer Beruf, ein anderes Hobby, ein anderer Partner... Solche Menschen spüren in sich ein Defizit, irgend etwas fehlt ihnen immer. Und dieses Defizit glauben sie auffüllen zu können, wenn sich das Leben und die Menschen verändern. Doch weder das Leben noch die Menschen lassen sich verändern. Sie sind nun einmal, wie sie sind.

Ein solcher Mensch wird immer wieder versuchen, das Defizit aufzufüllen. Schließlich will auch er das Leben meistern. Er will ein Meister des Lebens werden. Nur wird es ihm nicht gelingen, wenn er dafür weiterhin die Umwelt verantwortlich macht. Wenn er nicht erkennt, daß nur er allein den Mangel beseitigen kann, wird er sein ganzes Leben lang üben, um Meister zu werden.

Ohne Übung und Erfah

Wenn Sie die Erfahrung machen, daß ein Mensch Sie ablehnt, haben Sie zwei Möglichkei-

rung lernt man nichts.
MARTIN LUTHER

ten zu reagieren. Die erste Möglichkeit: Sie fühlen sich verletzt und fragen sich, warum man Ihnen das antut. Daraufhin versinken Sie in Trübsinn, geraten in Wut oder versuchen, ihn davon zu überzeugen, daß Sie doch eigentlich sehr liebenswert sind. Das ist die Reaktion eines Menschen, der übt, um Meister zu werden.

Die zweite Möglichkeit: Gut, er wird seine Gründe haben, und die respektiere ich. Was kann ich daraus für mich lernen? So denkt ein Meister, der übt.

Drei Menschen bewerben sich um einen Job. Logischerweise werden zwei eine Absage erhalten. Derjenige von ihnen, der übt, um Meister zu werden, versteht die Welt nicht: Ich erfülle doch alle Erwartungen. Können die denn nicht erkennen, wie gut ich bin? Die nächsten Tage sind erfüllt mit Selbstzweifeln und Anklagen. Der zweite – der Meister, der übt – weiß auch nicht, warum er den Job nicht bekommen hat, aber er zweifelt nicht an seinen Fähigkeiten. Er hat eine Erfahrung gemacht, die er vielleicht nutzen kann. Und das ist alles.

Ein Meister, der übt, geht nicht ohnmächtig durchs Leben, immer abhängig von der Meinung und dem Handeln seiner Umwelt. Er hält die Macht über sein Leben in den eigenen Händen. Für ihn gibt es kein »Hätte doch damals …, dann wäre …« und kein »Wenn doch die anderen …, dann könnte ich …«. Was war, das war. Und was ist, das ist. Der Meister des Lebens ist nicht abhängig von dem, was war, was ist oder sein könnte. Er hat den Mut, die Verantwortung für sich selbst zu übernehmen.

Werden Sie ein Meister, der übt!

1. Wahrscheinlich gibt es auch in Ihrem Leben immer wiederkehrende Situationen, die Ihnen unangenehme Gefühle bereiten, weil Sie sich hilflos ausgeliefert fühlen. Suchen Sie eine heraus, von der Sie glauben, sie nicht aus eigener Kraft verändern zu können.
2. Schreiben Sie diese Situation so detailliert wie möglich nieder, und finden Sie heraus, was genau Sie daran negativ berührt. Wenn Sie jetzt erkennen, daß Sie selbst doch etwas verändern können, dann tun Sie es möglichst bald. Wenn nicht, fragen Sie sich nach den Konsequenzen, wenn Sie das akzeptieren, was ist.
3. Nun stellen Sie sich vor, diese Situation tritt wieder ein. Wie werden Sie mit den neu gewonnenen Erkenntnissen darauf reagieren?

Als menschliche Wesen sind wir ausgestattet mit der Freiheit der Wahl, und wir können unsere Verantwortung nicht auf Gott oder die Natur abschieben. Wir müssen sie selbst auf uns nehmen.
ARNOLD J. TOYNBEE

7 Wahlfreiheit

Alternativen gibt es genug

Kein Mensch muß müssen – diese Meinung vertrat zumindest Lessings »Nathan, der Weise«. Wahrscheinlich sind Sie da anderer Ansicht. Denn was muß man heute nicht alles tun, will man etwas erreichen im Leben, oder? Schreiben Sie doch einmal all die Dinge auf, die Sie in Ihrem Leben mit einem persönlichen Muß verbinden. Hier sind nicht die vitalen Bedürfnisse wie Essen und Trinken gemeint, sondern das, was Sie als Ihre Pflichten ansehen. Wählen Sie aus dem, was Sie glauben zu müssen, sechs Punkte heraus. Das kann sein:

- Steuern zahlen
- 100 fahren, wo 100 steht
- Geld verdienen für die Familie
- pünktlich sein
- für die Kinder aufkommen
- freundlich sein

Schauen wir uns anhand eines Beispiels an, was hinter einem Muß steht: »Ich muß arbeiten, um meinen Lebensunterhalt zu verdienen.« Mögen Sie Ihren Job denn? Nein? Dann kündigen Sie doch, tun Sie etwas anderes! Das ist besser, als etliche Stunden des Tages in einer mißmutigen Laune zu verbringen. Sie können nicht, weil Sie die Hypothek für das Haus abzuzahlen haben und außerdem nicht wissen, was Sie anderes machen sollen? Versuchen Sie doch, Ihren Job zu verändern. Sie können sich zum Beispiel weiterbilden. Aber dann bleibt Ihnen keine

Freizeit mehr. Also fragen Sie Ihren Chef, ob es innerhalb der Firma eine andere Tätigkeit für Sie gibt. Die gibt es wohl, aber Sie würden weniger verdienen, und auf das bisherige Gehalt möchten Sie nicht verzichten.

Nun ließe sich natürlich überlegen, womit Sie sonst noch Ihren Lebensunterhalt bestreiten könnten. Ich bin sicher, es gibt noch genügend andere Möglichkeiten. Sie könnten

- halbtags arbeiten
- Arbeitslosengeld beziehen
- Sozialhilfe bekommen
- reich heiraten
- eine Bank überfallen
- betteln gehen
- Lotto spielen

Vervollständigen Sie die Aufzählung um alles, was Ihnen einfällt, um an die nötigen Finanzmittel zu kommen. Lassen Sie Ihrer Phantasie freien Lauf. Sie haben die Wahl! Aber wie es nun einmal im Leben so ist, alles ist mit einer bestimmten Konsequenz verbunden. Schauen Sie Ihre Auflistung noch einmal an, und fragen Sie nach den Folgen, die sich aus jeder Möglichkeit für Sie ergäben. Das könnte so aussehen:

• halbtags arbeiten	Einkommen reicht nicht aus
• Arbeitslosengeld beziehen	reicht erst recht nicht
• Sozialhilfe bekommen	finde ich beschämend
• reich heiraten	bin schon verheiratet
• eine Bank überfallen	ist mir zu kriminell
• betteln gehen	ist erniedrigend
• Lotto spielen	viel zu unsicher

Ich gehe einmal davon aus, daß Sie auch die von Ihnen selbst gefundenen Möglichkeiten mit Konsequenzen verbinden, die Sie nicht zu tragen bereit sind. Sie haben wahrscheinlich gute Gründe dafür. Aber wenn dem wirklich so ist, dann können Sie nur noch einen einzigen Schluß ziehen: Aus all den Möglichkeiten, die Sie zur Verfügung haben, haben Sie sich, weil Sie bestimmte Konsequenzen vermeiden wollten, für eine entschlossen. Wenn das so ist, kann das doch nur bedeuten, daß Sie das »Muß« ersatzlos streichen und durch das Wort »Wahl« ersetzen. Der Satz: »Ich muß arbeiten gehen ...« nimmt dann eine völlig andere Gestalt an: »Um meinen Lebensunterhalt zu verdienen, habe ich die Wahl getroffen, arbeiten zu gehen.« Also akzeptieren Sie Ihre Wahl, und übernehmen Sie die Verantwortung für Ihre Entscheidung. Oder wollen Sie weiterhin irgendwelche unglücklichen Umstände für Ihr Leben verantwortlich machen?

Möglichkeiten sind immer da, aber nur der Sehende wird sie gewahr.
EMIL OESCH

Nehmen Sie noch einmal Ihre Liste zur Hand mit all den Dingen, von denen Sie glauben, sie zu müssen. Welche Alternativen gibt es für Sie, um beispielsweise keine Steuern zu zahlen, um nicht pünktlich zu sein, nicht für die Kinder aufkommen zu müssen? Fragen Sie nach den jeweiligen Konsequenzen, und werden Sie sich darüber klar, welche der Alternativen wirkliche Möglichkeiten für Sie sind. Es kann gut sein, daß keine der Alternativen voll und ganz zu Ihnen paßt oder daß Sie keine der Alternativen wirklich realisieren können, weil bestimmte ungeliebte Konsequenzen mit ihnen verbunden sind. Wenn das so ist, verdeutlichen Sie sich, woran das liegt. Ziehen Sie ruhig einmal die Möglichkeit in Betracht, daß es an Ihnen liegt und daß Sie der limitierende Faktor sind, der die Zahl der Alternativen gegen null gehen läßt – und daß dies vielleicht der einzige Grund ist, weshalb Sie etwas »müssen«.

Es gibt nichts, was Sie müssen. Es gibt nur Konsequenzen, die Sie nicht wollen. Alles, was Sie tun, ist mit einer Konsequenz verbunden, mit einem Preis, den Sie zu zahlen haben.

Es ist ein Riesenunterschied, ob Sie etwas müssen, weil Sie

sich dazu verpflichtet fühlen, oder ob Sie es tun in dem Bewußtsein, daß Sie die absolute Wahl haben und das, was Sie tun, selbst gewählt haben. Freiheit bedeutet, Alternativen zu haben. Sie brauchen diese Alternativen nicht einmal umzusetzen. Wichtig ist das Bewußtsein, wählen zu können. Wer keine Alternative hat für das, was er tut, ist immer in Panik, hat Angst und fehlende Selbstsicherheit. Aber achten Sie darauf, daß es echte Alternativen sind. Die Wahl zwischen Kartoffeln und Erdäpfeln wäre etwas fadenscheinig. Alternativen sind Ausdruck von Visionen, Visionen sind Ideale, und Ideale sind wie Sterne: Man kann sie nicht (immer) erreichen, aber man kann sich an ihnen orientieren. Nur wer einen großen Traum hat, kann ihn erfüllen.

Was immer Sie tun, es sollte Ihrem wahren Wesen entsprechen. Niemand begrenzt Sie, Sie müssen gar nichts. Sie müssen keine Rechnungen schreiben, Sie müssen keine Rechnungen bezahlen. Allerdings sollten Sie die Verantwortung tragen für den Preis, den es zu zahlen gilt. Und wahrhaftig lernt man im Gefängnis viele Menschen kennen.

Love it, leave it or change it

Diese Wahlfreiheit und das Begreifen der Wahlfreiheit wird eine neue Dimension in Ihrem Leben eröffnen. Wenn Ihnen Ihr derzeitiger Job wirklich nicht gefällt, Sie haben die Wahl:

Love it
Leave it
Change it

- »Change it« bedeutet, daß Sie Ihre derzeitige Situation ändern können, wenn sie Ihnen nicht behagt.
- »Leave it« heißt, Sie finden Ihre Situation so unerträglich, daß

Sie das Spielfeld verlassen. Das kann durchaus eine gute Entscheidung sein.

- »Love it« besagt, daß Sie zufrieden sind und daß Sie voll zu Ihrer Situation stehen, ein klares Ja dazu sagen können, auch wenn sie manchmal schwer und belastend ist.

Vergiß es nicht, Mensch! Alles, was Du bist, alles, was Du willst, alles, was Du sollst, geht von Dir selbst aus.
JOHANN HEINRICH PESTALOZZI

Vielleicht sind Sie schon 20 Jahre verheiratet und alles andere als zufrieden in der Ehe. Aber aus irgendwelchen Gründen möchten Sie die Ehe aufrechterhalten, und damit ist »Leave it« nicht mehr möglich. »Change it« kommt für Sie auch nicht in Frage, denn Sie haben lange Zeit vergeblich versucht, Ihren Lebenspartner so zu verändern, wie Sie ihn haben wollten. Sie selbst wollen sich ebenfalls nicht verändern. Also bleibt Ihnen nur noch eines übrig: Love it. Ansonsten wären Sie ein Idiot. Nehmen wir Ihren Beruf als Beispiel: Wenn Sie das Bewußtsein haben, auch woanders Ihren Mann oder Ihre Frau stehen zu können, werden Sie auch jederzeit ein anderes Unternehmen finden, bei dem Sie Ihre Fähigkeiten einsetzen und erfolgreich sein können.

Sie müssen dann nicht mehr unter allen Umständen dort bleiben, denn Sie wissen, daß Sie auch woanders eine Chance haben. Sollten Sie das Unternehmen nach 20 Jahren aber nicht verlassen wollen, obwohl das, was Sie stört, nicht zu verändern ist, bleibt ebenfalls nur eines übrig: Love it.

Stehen Sie zu Ihrer Situation, stehen Sie zu Ihrer Wahl! Es gibt kein Muß: Wählen Sie, was Sie tun, und tun Sie dann immer das, was Sie gewählt haben.

Natürlich nützt Ihnen »Love it, leave it or change it« wenig, wenn eine Krankheit Ihr Leben beeinträchtigt. Das Beispiel ist zwar extrem, aber wenn Ihnen ein Bein fehlt, werden Sie diesen Umstand mit Sicherheit nicht lieben, ihm aber auch nicht entfliehen können. Dennoch können Sie wählen, was Sie aus Ihrem Leben machen. Es steht Ihnen frei, sich deprimiert Ihrem Los zu überlassen, die Umwelt zu tyrannisieren, mit Gott und der Welt zu hadern. Sie können aber auch Ihre Kraft für andere Dinge nutzen. Dostojewski war Epileptiker, Marcel Proust Asthmatiker, Roosevelt wurde nach seiner Kinderlähmung Präsident der Vereinigten Staaten, Stephen Hawking sitzt im Rollstuhl, kann weder sprechen noch schreiben und ist doch ein weltweit anerkannter Wissenschaftler. Sie sehen, es ist durchaus möglich, auch bei schweren Krankheiten und Behinderungen eine Wahl zu treffen, die dem Leben Sinn und Inhalt gibt.

Werden Sie sich klar darüber, daß Sie immer die Wahl haben, und hängen Sie sich, damit Sie das nicht vergessen, ein gerahmtes weißes Blatt über Ihr Bett. Ein weißes Blatt beinhaltet nichts, und doch ist alles darauf möglich. So werden Sie jeden Tag daran erinnert, daß Sie immer wieder die Möglichkeit haben, eine neue Wahl zu treffen, etwas anderes zu tun.

Steigen Sie ein in das, was ist, und wählen Sie: Lieben Sie es, verändern Sie oder lassen Sie es. Die Welt ist voll von Wahlmöglichkeiten. Der einzige, der die Wahlmöglichkeiten begrenzt, sind Sie selber. Machen Sie sich bewußt, daß Sie jetzt im Moment genau das wollen, was Sie gerade tun. Sie haben gewählt. Und wenn Sie wollen, können Sie morgen, nächste Woche oder nächstes Jahr eine andere Wahl treffen. Wenn Sie eine Chance haben, wählen Sie, packen Sie zu – und schieben Sie nichts auf!

Jede Wahl ist ein Gewinn

Zaghaften Sinnes erreichst du nicht des Lebens Höhen.

Man kann jederzeit neu beginnen. Das einzige, was einen hindert, sind die paranoiden Hochrechnungen des Verstandes über das, was alles passieren könnte, wenn man sich verändert. Aber wenn man etwas wählt, dann ist es wichtig, das Bewußtsein zu haben, daß man dieses Agie-

PUBLILIUS SYRUS

ren seiner eigenen Wahl zu verdanken hat. Zwar ist es Tatsache, daß es immer einen Preis zu zahlen gibt. Aber es gibt kein Verlieren, egal was man tut.

Im Leben ist es oft so, daß viele Wege möglich sind. Die Ziele sind unbekannt, und man steht da und überlegt. Die Wahl fällt schwer, weil die Konsequenzen nicht überschaubar sind. Am liebsten würde man dort bleiben, wo man gerade ist, denn die Richtung ist unklar. Aber nicht in jeder Situation ist die Richtung wichtig. Manchmal ist die Tatsache wichtiger, daß man wählt und handelt, als das, was man wählt. Aber wenn Sie einen Weg wählen, ist es wichtig, daß Sie ihn mit Überzeugung gehen. Es kostet Mut, die Verantwortung für sein Leben zu übernehmen. Sie wissen nicht, was Sie erwartet, wenn Sie sich aus der Bequemlichkeit und Sicherheit auf ein neues Gebiet wagen. Sie wissen nicht, was sich ereignen wird, wenn Sie einen neuen Weg gehen. Vielleicht lassen Sie sogar alles hinter sich, was bisher Ihr Leben ausmachte. Aber ist es nicht ein herrliches Gefühl zu spüren, daß Sie der einzige sind, der Macht über Ihr Leben hat? Weder Zufälle noch Umstände oder andere Menschen bestimmen, sondern Ihre eigene Entscheidung, Ihre eigene Wahl gibt die Richtung vor.

Das Herz wählt, der Kopf entscheidet

In einem Zwiespalt zwischen dem Herzen und dem Verstand folge dem Herzen.
VIVEKANANDA

Eine Wahl ist wie eine Liebesentscheidung, sie wird mit dem Herzen getroffen. Eine Wahl findet spontan und schnell, aus einer aktuellen Situation heraus statt. Es gibt immer genügend Möglichkeiten, Dinge so rational zu durchdringen, daß sich 36 Vorteile und 37 Nachteile gegenüberstehen und Sie irgendwann zu einem rationalen Schluß kommen. Aber alle Dinge sind in irgendeiner Form beweisbar, alle Dinge beinhalten ein Für und Wider. Und bei näherer Überlegung ist ein Nachteil von heute der Vorteil für morgen.

Die meisten Entscheidungen werden aufgrund langwieriger Erwägungen getroffen. Über Tage und Wochen werden Fakten gesammelt, so lange, bis sich die eine Waagschale zur Entscheidung neigt. Nach langem Hin und Her und endlosem Wenn und Aber steht da schließlich eine rationale Entscheidung.

Rationale Entscheidungen gehen mit der Angst einher, daß etwas falsch entschieden werden könnte. Denn wenn Sie sich für etwas entscheiden, entscheiden Sie sich auch immer gegen etwas. Entscheiden hat etwas von Ausschließlichkeit. Es bleibt die Angst, ob man nicht doch etwas Falsches getan hat. Doch kein Mensch kann im Spiel des Lebens wissen, was falsch und was richtig ist. Darum geht es auch gar nicht. Es geht nur darum, so oft wie möglich zehn Steine zu haben.

Entscheidungen lassen immer Verlierer, aber kaum jemals Gewinner zurück. Besser ist, Sie wählen, und das jeden Tag neu. Eine Wahl, im Hier und Jetzt getroffen, ist immer ein Weg in die Zukunft, sie läßt keine Verlierer zurück. Wer wählt, kann nur gewinnen: Freude an dem, was er gewählt hat, und damit Power für das, was er tut.

Vergeuden Sie keine Zeit, verschleißen Sie nicht Ihr Selbstwertgefühl, indem Sie lange und zäh über Situationen lamentieren. Krempeln Sie die Ärmel hoch, und ändern Sie die Situation, ohne viel darüber zu klagen. Entweder wählen Sie neu, oder Sie akzeptieren das, was ist. Sie haben die Wahlfreiheit, und Sie tragen die Verantwortung für Ihre Wahl.

Ein Lastenträger, der den ganzen Tage im Schweiße seines Angesichts schwere Waren vom Hafen zum Basar geschleppt hat, zählt am Abend seinen Lohn und stellt erfreut fest, daß er sich endlich einen langgehegten Traum erfüllen kann. Das verdiente Geld reicht genau für eine große Tüte roten Paprika. Er kauft sich den Paprika, setzt sich mit der Tüte unter einen großen Baum und beginnt dort sein Abendmahl. Aber je mehr er ißt, desto schärfer wird der Paprika. Aber er ißt weiter, denn der Paprika war so teuer, daß es eine Sünde wäre, ihn nicht aufzuessen. Und am Ende schlingt er stöhnend und schreiend die letzten Schoten in sich hinein.

Es kann sein, daß Sie in Ihrem Leben eine Menge in ein bestimmtes Ziel investiert haben und Sie in dem Moment, in dem Sie das Ziel erreichen, merken, daß es unbefriedigend ist. Viele Leute bleiben nun dabei und machen einfach weiter. Wie der Lastenträger können Sie sich nicht überwinden, Ihren Traum aufzugeben. Denken Sie daran, daß Sie die Freiheit haben, jeden Tag neu zu wählen, neue Dinge zu tun und neue Ziele anzusteuern.

Freiheit ist das Bewußtsein, jederzeit etwas anderes tun zu können als das, was Sie gerade tun. Wenn Sie diese Freiheit wahrnehmen, dann tun Sie alles in Wahlfreiheit.

Sie haben die Wahl

1. Auch wenn Sie sich in diesem Kapitel schon mit den Dingen auseinandergesetzt haben, die Sie »müssen«, nehmen Sie sich noch einmal das »Muß« vor, das Sie am meisten belastet. Schreiben Sie die Alternativen dazu auf, und bitten Sie Freunde und Bekannte um weitere Vorschläge. Schreiben Sie alles auf, auch wenn es Ihnen noch so abwegig erscheint.
2. Bitten Sie einen vertrauten Menschen um seine Mithilfe, und diskutieren Sie gemeinsam mit ihm die Konsequenzen verschiedener Alternativen. Vielleicht erkennen Sie dabei, daß nur die Angst vor unangenehmen Konsequenzen Sie vor einer möglichen Alternative zurückschrecken läßt.
3. Hinterfragen Sie intensiv Ihre Gefühle, wenn Sie »Love it« gewählt haben. Es ist wichtig, daß Ihre Wahl mit guten Gefühlen einhergeht. Bei der Wahl von »Change it« oder »Leave it« überlegen Sie den ersten Schritt und setzen dann den Termin dafür fest.

Wer heimlich sich vergeht gegen einen Vertrag, einander weder zu schädigen noch sich schädigen zu lassen, der wird sich nie darauf verlassen können, daß er verborgen bleiben werde, auch wenn er im Augenblick tausendmal verborgen bleibt. Denn ob er es auch bis zum Tode bleiben wird, ist ungewiß.
EPIKUR

8 Absolutes Commitment

Spielregeln schenken Freiheit

Das Leben ist ein gigantisches Spiel auf ständig wechselnden Spielfeldern: vom Job zum Sportzentrum, dann zur Familie und abends zu Freunden. Und jedes neue Spielfeld bedeutet eine andere Umgebung, andere Menschen, andere Rollen, Verhaltensmuster und Handlungsweisen. Immer wieder befinden Sie sich in einem neuen Spiel.

Was macht es eigentlich aus, daß die Spiele funktionieren? Nehmen wir an, Sie spielen mit Ihren Freunden Skat oder Rommé. Jeder kennt die geltenden Regeln. Nun schlagen Sie folgendes vor: Jeder darf ein neues Spiel entwickeln, ohne sich mit den anderen abzustimmen. Ich bin sicher, es wird keinen Spaß machen.

Es ist unsinnig und langweilig, weil keiner weiß, was der andere will. Es fehlen die Spielregeln, die eine Brücke für die Kommunikation bilden. Ohne Spielregeln funktioniert das Spiel nicht.

Frei ist, wer, obwohl gezwungen, tut, was er nötig hat, wie ein

So paradox es erscheinen mag, erst Spielregeln ermöglichen Freiheit. Freiheit wird zwar oft so verstanden, daß keine Regeln zu beachten sind, doch Spielregeln zeigen eine unendliche Freiheit auf: Wenn ein Spiel uns keinen Spaß mehr

Diener dienen muß, um leben zu können.
ANTOINE RIVAROL

macht, wenn die Spielregeln uns zu eng erscheinen, haben wir die Wahl, das Spiel zu mögen, es zu verlassen oder es zu verändern: Love it, leave it, change it!

Sie können jederzeit Spielfelder wechseln, wenn Sie das Spiel nicht lieben und die Regeln nicht verändern können. Manchmal passiert es jedoch, daß Sie auf jedem neuen Spielfeld den gleichen Schwierigkeiten begegnen. Der Job: In zwei Jahren fünfmal das Unternehmen gewechselt und immer wieder die gleichen Schwierigkeiten. Die Beziehung: Sie verlassen Ihren Partner, weil Sie glauben, Grund zur Eifersucht zu haben. Das gleiche passiert bei dem neuen Partner, beim nächsten und beim übernächsten. Das bohrende Gefühl der Eifersucht bleibt.
Wenn Sie also eine Lebenssituation nicht ändern können, dann überlegen Sie, ob Sie sich verändern können oder gar sollten. Denn auch für die Regeln, die Sie im Kopf haben, gilt: »Love it, leave it, change it.«

Niemand braucht als masochistischer Märtyrer auf einem Spielfeld auszuharren. Wir haben jederzeit die Freiheit, ein Spielfeld zu verlassen, und wir haben die Freiheit, die Spielregeln zu wählen, die uns das versprechen, was wir haben wollen. Entscheidend ist, daß Sie die Spielfelder finden, auf denen Sie hinter den Regeln stehen. Nur hier steht Ihnen die ganze Power zur Verfügung, und nur hier können Sie optimal handeln. Aber eines sollte Ihnen klar sein: Wenn Sie sich entschieden haben, in einem Spiel mitzuwirken, dann halten Sie sich gefälligst an die Spielregeln. Wer sich nicht an Spielregeln hält, isoliert sich vom funktionierenden Leben. Regeln werden nicht gemacht, damit man sie bricht. In Seminaren zu diesem Thema vereinbare ich mit den Teilnehmern zu Beginn verschiedene Spielregeln, die schriftlich festgelegt werden und deren Einhaltung alle unterschreiben. Die meisten der Regeln sind für den Ablauf des Seminars einleuchtend:

- pünktlich sein
- andere ausreden lassen

- aktiv das Seminar mitgestalten
- Humor und Lockerheit einbringen
- sportliche Aktivitäten unterstützen
- zu jeder Pause seinen Platz wechseln, um verschiedene Perspektiven zu erhalten
- offen und ehrlich miteinander umgehen

Einige Regeln erscheinen im Kontext des Seminars dagegen ziemlich sinnlos, aber ich bitte die Teilnehmer um Vertrauen und verspreche, daß auch diese einen Sinn haben. Hierzu gehören zum Beispiel:

- kein Alkohol
- keine Zigaretten
- kein Fernsehen
- nicht lesen

Es ist spannend, wie Menschen mit Regeln umgehen, denen sie zugestimmt haben. Da wird doch auf die Uhr geschaut, und wenn man im Hotelzimmer allein ist, sieht es ja auch niemand, wenn man ein Bier trinkt, fernsieht oder liest. Und wenn wir vereinbart haben, daß während der gesamten Seminartage niemand raucht, habe ich schon Vorstandsmitglieder beobachtet, die sich mit der brennenden Zigarette wie kleine Kinder heimlich hinter den Bäumen versteckt haben. Dabei geht es gar nicht darum, daß es keiner bemerkt, wenn man eine Regel bricht. Der Sinn ist vielmehr zu erkennen, wie man mit den Regeln umgeht, denen man zugestimmt hat.

Jeder hat tausend Gründe, warum er sich nicht an die Spielregeln hält. Meistens haben die Menschen den Bruch schon eingeplant, als sie unterschrieben. Was bedeutet es schon, mit der Unterschrift sein Wort zu geben – es ist doch nur ein Seminar! Aber wer dem Seminar und den vereinbarten Regeln zugestimmt hat, der sollte auch dafür einstehen. Die Gruppe ist wie ein Unternehmen, wie eine Seilmannschaft auf einer Bergtour. Jedes Detail ist wichtig. Nur dann kann eine Mannschaft zusammenhalten. Selbst die kleinste Spielregelübertretung – und erscheint sie noch so lächerlich – kann ins Verderben führen.

Zu seinem Wort stehen

Es liegt nie an der Qualität der Spielregeln, ob Sie sie einhalten oder nicht. Spielregeln sind weder gut noch schlecht. Es kommt darauf an, wie Sie damit umgehen. Seien Sie vorsichtig, bevor Sie einem Menschen Ihr Wort geben, und prüfen Sie erst, ob Sie es auch wirklich halten können. Wenn Sie merken, daß Sie dazu nicht in der Lage sind, besprechen Sie das vorher und nicht erst dann, wenn Sie Ihr Wort schon gebrochen haben.

Natürlich werden Sie immer jemanden finden, den Sie für Ihren Wortbruch verantwortlich machen können. Aber spätere Schuldzuweisungen und Rechtfertigungen sind nicht gefragt. Die Verantwortung für Ihr Handeln können nur Sie selber übernehmen. Sie geben Ihr Wort, und mit dem Wort beginnt alles.

Sein Commitment zu geben, zu seinem Wort zu stehen und die einmal akzeptierten Regeln einzuhalten, schafft spielerische Leichtigkeit und macht aus jeder Lebenssituation eine Spielsituation. Commitment bedeutet, zu der Sache zu stehen, auf die man sich eingelassen hat, und das zu akzeptieren, was ist. Commitment sollte die Leitlinie Ihres Handelns sein.

Wer gegen sich selbst und andere wahr ist und bleibt, besitzt die schönste Eigenschaft der größten Talente.
JOHANN WOLFGANG VON GOETHE

In jeder Beziehung – privat oder beruflich – gibt es Spielregeln. Welches Gefühl haben Sie, wenn Sie bemerken, daß Sie mit Menschen zusammen sind, die sich nicht an die Spielregeln halten, obwohl Sie die Regeln gemeinsam – und die Betonung liegt hier auf gemeinsam – vereinbart haben? Auch wenn Regeln oft den Charakter eines Hindernisses haben, sie ermöglichen Ihnen das Zusammensein mit anderen Menschen. Wenn Sie Wasser trinken wollen, so brauchen Sie ein Glas, das als »Hindernis« Ihnen erst das Trinken ermöglicht.

Nicht immer werden Regeln aufgeschrieben, aber informell bestehen sie auf jeden Fall. Verletzen Sie einmal informelle Spielregeln in Ihrer Beziehung – am Nackenschlag werden Sie erkennen, daß es sehr wohl eine Spielregel gegeben hat. Und Sie sind derjenige, der den Preis dafür zu zahlen hat. Natürlich kann jeder die Spielregeln ändern – aber der springende Punkt dürfte wohl doch der sein, daß man sich vorher gegenseitig darüber informiert, wenn die Spielregeln verändert werden.

Die Diskussion um verletzte Spielregeln durch ein nicht eingehaltenes Wort gibt es auf allen Ebenen. Und häufig sind es die kleinen Verletzungen der Regeln, die für den Bruch einer Beziehung entscheidend sind. Wenn Sie einem Menschen Ihr Wort geben und es dann doch brechen, sollten Sie bereit sein, es ihm zu sagen und den Preis dafür zu zahlen. Das wird den anderen in die Lage versetzen, Ihnen vollends vertrauen zu können. Er wird wissen, daß Sie ihn nicht anlügen werden, sondern eine nicht eingehaltene Spielregel auf jeden Fall mitteilen. Etwas sagen, wie es ist, das schafft Vertrauen. Stehen Sie also zu dem Wort, das Sie jemandem geben.

Das 79/21-Gesetz

Wenn Sie jetzt einmal überlegen, auf welchen Spielfeldern Sie sich bewegen und welche Regeln dort einzuhalten sind, werden Sie wahrscheinlich feststellen, daß es überall Regeln gibt, die Ihnen nicht zusagen, die Sie aber nicht ändern können. Nichts im Leben ist hundertprozentig, hundertprozentige Spielregeln zu Ihren Gunsten sind reine Träumerei. Aber auch kaum etwas ist ausgeglichen fünfzigprozentig, halbe-halbe. Im Mittelpunkt unseres Lebens und all seiner Spiele scheint das 79/21-Gesetz zu stehen: 79 Prozent einer Situation empfinden wir als positiv und 21 Prozent als negativ. Entscheidend ist, daß wir die 21 Prozent vermeintliche Negativität akzeptieren und gut damit umgehen können.

Natürlich können Sie versuchen, diesem Gesetz aus dem Wege zu gehen und sich nach dem System »Love it, leave it or change it« verhalten. Vielleicht wird Ihnen jedes Tennisspiel vermiest, weil Sie niemals den Ball des Gegners erwischen. Das Spielfeld ist einfach zu groß, und Sie finden niemanden, der bereit ist, die allgemein gültigen Regeln Ihnen zuliebe zu verändern.

Also spielen Sie ab jetzt nur noch Pingpong. Doch auch das wird Ihnen bald verleidet, denn das kleine Netz in der Mitte ist Ihnen immer im Weg. Sie schaffen es einfach nicht, den Ball darüberzuschlagen. Aber keiner hat Lust, ohne Netz mit Ihnen Pingpong zu spielen! Squash scheint Ihnen da genau das Richtige zu sein: kein großes Spielfeld, kein Netz. Aber auch bei Squash gibt es Regeln, und wenn Sie sich an die nicht halten, finden Sie auch dort keine Mitspieler.

Der Virtuose des Spiels, das da Leben heißt, beherrscht die Kunst, auch mit den Spielregeln umzugehen, die ihm nicht gefallen. Allerdings sollten die angenehmen Regeln immer überwiegen, denn natürlich gibt es das 79/21-Gesetz auch umgekehrt: mehr Negatives als Positives.

Nun weiß wohl jeder, daß es keinen Sinn hat, gegen den Strom zu schwimmen und zu versuchen, aus 21 Prozent 100 Prozent zu machen, wenn woanders die Chance besteht, aus 79 Prozent 100 Prozent zu machen. Das hört sich einfach an und ist auch einleuchtend – um so seltsamer mutet es dann an, wenn sich immer wieder Leute auf der 21-Prozent-Seite plagen.

Wer nicht mit dem zufrieden ist, was er hat, der wäre auch nicht mit dem zufrieden, was er haben möchte.

Betrachten Sie es einmal von der privaten Seite: Im Zusammensein mit Ihrem Lebensgefährten drücken die 79 Prozent den Grad Ihrer Zufriedenheit aus. Das ist das Niveau tiefen Erlebens. 21 Prozent sind dann der Teil, den Sie als weniger angenehm empfinden. Nun haben Sie womöglich einen Lebenspartner, der sich auf diese 21 Prozent konzentriert. Um sie zu verbessern, wühlt er unentwegt auf der negativen

BERTHOLD AUERBACH

Ebene herum. Das dürfte nicht gerade förderlich für die Beziehung sein. Falls es Ihnen jemals gelingt, in solch einer Beziehung 100 Prozent zu erreichen, wird Ihr Partner wohl nichts Besseres zu tun haben, als neue 21-Prozent-Negativität zu erzeugen. Er braucht sie!

Das Ganze können Sie auch auf das berufliche Leben übertragen. Die 79 Prozent stehen dafür, daß Sie mit vollem Herzen in Ihrem Job sind. Das Produkt, die Karriereaussichten, die Mitarbeiter, Gehalt und Status – alles paßt. Sie sind zwar nicht jeden Tag happy, aber das, was Sie tun, ist Ausdruck Ihrer Bestimmung. Die 21 Prozent repräsentieren den Teil, der Ihnen im Beruf nicht gefällt.

Zufriedenheit mit seiner Lage ist der größte und sicherste Reichtum.
CICERO

Und auch hier gibt es Menschen, die ihre Arbeitswelt nur durch die Brille der 21 Prozent sehen. Sie unterliegen der Illusion, daß das Leben zu hundert Prozent Freizeit und Spaß sein sollte. Das hat zur Folge, daß sie die Arbeit als bedrückend und belastend empfinden, sich den größten Teil der Zeit quälen und malträtieren und mit dieser negativen Energie nicht einmal die Freizeit genießen können. Das sind all diejenigen Mitarbeiter, die immer nur eines mitzuteilen haben: Was gerade in der Abteilung nicht funktioniert, was im Unternehmen nicht so toll ist, welcher Kollege auf die Nerven fällt. Die 21-Prozent-Brille verzerrt den Blick für die Wirklichkeit.

Natürlich gibt es in jedem Unternehmen ein paar schwachsinnige Spielregeln – aber womöglich fallen sie unter das 79/21-Gesetz. Hat nicht jeder irgendwo eine schwachsinnige Spielregel aufgestellt, an die er sich eisern hält? Zum Beispiel der Mensch, der jeden Samstagnachmittag sein Auto wäscht. Und das selbst bei herrlichstem Sonnenschein. Frau und Kinder maulen, sie würden lieber das Auto für eine Spazierfahrt nutzen, doch für ihn ist diese Regel unumstößlich.

Das Spielregel-Spiel

Wenn Ihnen Spielregeln nicht zusagen, verhandeln Sie neu mit den Menschen, die es betrifft. Sie haben keine Chance, wenn Sie Regeln einfach brechen, Sie werden nur zu einer anstrengenden Person. Denken Sie immer daran, daß jedes Paradies nur 79prozentig ist und daß die negativen Anteile immer bei 21 Prozent liegen. Also: Wenn Sie etwas verändern wollen, denken Sie vorher darüber nach. Denn Gewißheit wird es nie geben. Die Herausforderung des Lebens ist, mit 21 Prozent umzugehen und dabei keine Kraft zu verlieren. Im Leben wird man daran gemessen, wie man mit diesen 21 Prozent umgehen kann, nicht nach den 79 Prozent, die einem behagen.

Die ganze Welt lebt nach Spielregeln, die nicht die Ihren sind. Lassen Sie uns nicht über die Hintergründe dieser Spielregeln diskutieren, denn es gibt weder gute noch schlechte Spielregeln. Spielregeln sind Spielregeln. Es geht nur um die Frage, welche Spielregeln hilfreich sind, um beabsichtigte Resultate zu erreichen.

Das Spielregel-Spiel zeigt auf sechs Spielfeldern auf, wie man spielen kann. Welche Resultate sich dabei erzielen lassen, werden Sie höchstwahrscheinlich aus bereits gemachten Erfahrungen sagen können. Die oberste, wenn auch ungeschriebene Spielregel heißt: Mensch, ärgere dich nicht, und merke Dir, daß andere Dich nicht ärgern können.

Die Variante 1 des Spielregel-Spiels auf der gegenüberliegenden Seite dürfte wohl die einfachste sein. Zumindest theoretisch ist es ja auch selbstverständlich, ein Spiel nach den selbstge-

Spielregeln

- 79 Prozent angenehm
  - halte sie ein → Variante 1
- 21 Prozent unangenehm
  - halte sie ein → Variante 2, Variante 3
  - halte sie nicht ein → Variante 4, Variante 5, Variante 6

Variante 1	Variante 2	Variante 3	Variante 4	Variante 5	Variante 6
– wähle – meine Verantwortung – mein Spiel – voller Einsatz – Spaß und Lust – bin aktiv – sehe die 79%	– bin passiv – keine Wahl – was soll ich tun? – unangenehm – nicht mein Spiel – nicht meine Verantwortung – andere sind verantwortlich	– erkenne die 21% – Fokus auf 79% – Selbstverantwortung – akzeptiere die Regeln – voll aktiv – wähle	– mag nicht – umgehe die Regeln – nicht mein Spiel – Rechtfertigung – Schuldzuweisung – passiv	– sage offen, daß ich die Regeln nicht einhalte – gehe gegen alles – bin nicht diszipliniert – vermeide die Erfahrung – lerne nicht	– verhandle vorher neu – bin innovativ – begeistere mich für das Neue

wählten Spielregeln zu spielen, die optimal passen. Das sind im günstigen Fall die 79 Prozent. Hier geht es aber um die leidigen 21 Prozent. Weil das Leben sich oft beträchtlich von der Theorie unterscheidet, gibt es auch die Varianten 2, 3, 4, 5 und 6. Daß hier 2, 4 und 5 als Verlierer vom Platz gehen, dürfte klar sein. Gewinner sind die 3 und die 6, weil sie das 79/21-Gesetz gelernt haben und befolgen. Die Nummer 6 braucht allerdings die besondere Fähigkeit, über Normen hinauszugehen. Insofern ist sie eine Ausnahme. Aber: »Ausnahmen sind nicht immer Bestätigung der alten Regeln; sie können auch Vorboten einer neuen Regel sein.« (Marie von Ebner-Eschenbach)

Die goldene Regel heißt Offenheit!

1. Welche Spielregeln haben Sie gebrochen? Sicher haben Sie ausreichend Papier, um alle von Ihnen verletzten Regeln zu notieren.
2. In einem klärenden Gespräch mit den Betroffenen können Sie nun die verletzten Spielregeln darlegen.
3. Überlegen Sie, warum Sie diese Regeln gebrochen haben: Waren diese Regeln tatsächlich überwiegend unangenehm für Sie? Oder war Ihr Fokus vielleicht nur auf die leidigen 21 Prozent gerichtet? Dann könnte diese Überlegung Sie dazu veranlassen, in Zukunft den 79 Prozent mehr Aufmerksamkeit zu schenken.

✍

Wenn wirkliches Neuland betreten wird, kann es vorkommen, daß nicht nur neue Inhalte aufzunehmen sind, sondern daß auch die Struktur des Denkens sich ändern muß, wenn man das Neue verstehen will.

WERNER HEISENBERG

9 Funktionierendes Denken

Gedanken spiegeln die Innenwelt

Erlauben Sie mir, mit zwei Übungen anzufangen: Nehmen Sie irgendein Objekt, irgend etwas, worauf Ihr Blick fällt. Und dann schreiben Sie auf ungefähr einer Seite nieder, was Ihnen dazu einfällt. Sie sind absolut frei in Ihrer Beschreibung. Allerdings sollte sie nicht nur die rationale, sondern hauptsächlich die emotionale Ebene wiedergeben: woran Sie sich dabei erinnern, welche Gefühle angesprochen, welche Wünsche dadurch geweckt werden. Als zweites dürfen Sie mit Ihrer Phantasie experimentieren: Sie zerknüllen ein Blatt Papier, legen es vor sich hin, betrachten es ungefähr 30 Minuten lang und beschreiben es dann auf mindestens fünf Seiten. Allerdings nicht aus der Position des Beobachters, sondern aus der Sicht des zerknüllten Papiers. Welche Gedanken und Gefühle aus der Vergangenheit, Gegenwart und für die Zukunft hat das Papier? Denken Sie, Sie seien dieses Papier. Gefragt sind keine schriftstellerischen oder pseudo-psychologischen Fähigkeiten. Machen Sie einen intellektuellen Stopp, und schreiben Sie all das auf, was Ihnen spontan einfällt, bevor Sie weiterlesen. Lesen Sie Ihre Beschreibungen aus beiden Übungen jetzt noch einmal durch, und unterstreichen Sie währenddessen die positiven Gedanken mit Grün, die neutralen mit Gelb und die negativen mit Rot. Die Gedanken und Gefühle, die Sie bei der Beschreibung des Objektes und in der Rolle des Papiers formulierten, entsprechen Ihrer Realität. Schon die Wahl des Objektes in der ersten Übung entspricht Ihrer Gedankenwelt. Von Milliarden und Abermilliarden möglicher Gedanken haben Sie die Ihrer Innenwelt entsprechenden ausgewählt: Es geht um das Abrufen der negativen, positiven und neutralen Gedanken. Es geht um das Drama des eigenen Lebens.

Gedanken kreieren Resultate

In der Schöpfungsgeschichte der Bibel heißt es: Am Anfang war das Wort. Gemeint ist natürlich: Am Anfang war der Gedanke. Aus dem Gedanken wurde das Wort, dann das Verhalten, dann die Handlung. Am Ende dieser Kette steht das Resultat. Das heißt, der Gedanke am Anfang kreiert das Resultat am Ende!

Verkörperte Gedankenformen hängen wie Wassertropfen des Meeres aneinander und bilden in ihrer Gesamtheit die äußere Welt.
MAHAYANA-PHILOSOPHIE

Es gibt Gedanken, die Ihr Leben zum Funktionieren bringen – aber es gibt auch Gedanken, die verhindern, daß irgend etwas in Ihrem Leben funktioniert. Ein Gedanke ist genauso kraftvoll, ist genauso Materie wie ein Gegenstand, nur auf einer anderen, feinstofflichen Ebene. Gedanken arbeiten in einer anderen zeitlichen Dimension. Das, was wir denken, ist auf einer feinstofflichen Ebene bereits geschehen. Der Mensch denkt unablässig. Ohne zu denken, gäbe es keinen Schritt, den wir machen könnten. Gedanken sind Materie, sind Energie pur. Sie weisen Wege und lenken in Bahnen. Was ein Mensch denkt, wird ihm geschehen. Wer kreative Gedanken hat, wird kreativ sein. Wer großzügig denkt, wird Großzügigkeit erfahren. Es ist eigentlich sehr simpel: Die richtigen Gedanken erzielen die richtigen Ergebnisse. Der Mensch schafft selber, was er haben will. Er ist der Schöpfer seiner Resultate. Himmel und Hölle existieren, weil er sie selbst verursacht.

Sie werden wohl kaum Schwierigkeiten haben, über ein 20 Zentimeter breites und sechs Meter langes Brett zu gehen, wenn es nur drei Zentimeter über dem Boden liegt. Sie werden keine Angst verspüren, keine Gleichgewichtsstörungen haben. Es ist ein Kinderspiel. Wenn das gleiche Brett nun aber auf einer Höhe von zehn Metern liegt, wird erfahrungsgemäß kaum jemand darübergehen. Die Gedanken über das, was alles passieren könnte, sind ein limitierender Faktor. Ihr Bewußtsein hindert Sie jetzt daran, über das Brett zu gehen. Der Wille allein reicht absolut nicht aus. Wenn Sie denken, daß es gefährlich ist und daß Sie herunterfallen könnten, werden Sie es auch erleben. Sie werden sich Ihre Gedanken beweisen.

Gedanken manifestieren sich zu Überzeugungssystemen. Viele sogenannte »Lebensweisheiten« sind Überzeugungssysteme, die eine Menge zum Unglück unserer Welt beigetragen haben:

- Geld ist die Wurzel allen Übels.
- Lieber arm und glücklich als reich und unglücklich.
- Das Leben ist hart.
- Lehrjahre sind keine Herrenjahre.
- Wenn du was werden willst, mußt du hart arbeiten.
- Arbeit macht müde.
- Erst die Arbeit, dann das Vergnügen.
- Nur Fleiß bringt einen weiter.

All diese Sprüche und ähnliche bestimmen Lebenssituationen. Vielleicht sind sie manchmal sogar sinnvoll, als allgemeine Generalisierung und Lebensprämisse sind sie jedoch purer Blödsinn. Aber wenn Sie fest daran glauben, daß Arbeit müde macht, werden Sie abends auch müde und zerschlagen sein – egal, welche Arbeit Sie geleistet haben.

Es sind immer die Überzeugungssysteme, die zu den entsprechenden Resultaten führen. Dabei spielt es keine Rolle, ob uns die Überzeugungssysteme bewußt sind oder nicht. Tatsache ist immer wieder, daß jeder Glaubenssatz zu dem entsprechenden Resultat führt.

Es gibt viele Menschen, die ein Leben erfüllt von Vergnügen und Spaß führen. Vergleichen Sie diese Menschen mit denen, die es anscheinend sehr schwer haben. An der gebückten Haltung, an den hängenden Mundwinkeln, an der zurückweisenden, distanzierten Körperhaltung sind sie leicht zu erkennen. So traurig es ist, oft kann man schon von außen sehen, was jemand vom Leben erwartet – und weiß dann schon aufgrund des äußeren Eindrucks, was er bekommen wird.

- Der Mann, der zu einer Party eingeladen wird und keine Lust hat, hinzugehen, denn er glaubt, dort nur Chaoten zu treffen. Geht er dann doch hin, wird er unter den 200 Gästen genau auf die sechs treffen, die wirklich chaotisch sind.
- Der Junggeselle, der fest daran glaubt, daß er bei Frauen nicht ankommt: Er versucht sein Glück immer wieder, aber er kommt tatsächlich nicht an. Seine Gedanken spiegeln sich in seinem Verhalten. Tatsächlich: Pessimisten küßt man nicht.
- Und derjenige, der sagt: »Ich schaffe es nicht!« Sicher wird er sich aus all den Wahlmöglichkeiten des Tages die Dinge heraussuchen, die ihn scheitern lassen.
- Menschen, die morgens mit den Worten aufstehen: »Das ist nicht mein Tag.« Sie werden dafür sorgen, daß dieser Tag wirklich nicht ihr Tag ist.

Denken ist weder Ursache noch Wesen des Daseins; aber es ist ein Werkzeug des Werdens: ich werde zu dem, was ich in mir sehe.
AUROBINDO

Unsere Gedanken sind die Wurzel der Erwartungen. Erwartungen steuern weitgehend den Wahrnehmungs- und Verarbeitungsprozeß und führen zu entsprechenden Resultaten. Das bezieht sich keineswegs nur auf die eigene Person. Auch Ihre Gedanken über einen anderen Menschen sind verbunden mit bestimmten Erwartungen. Ob positiv oder negativ, was Sie von einem anderen Menschen denken und erwarten – es wird eintreten. Eine Mutter sagt zu ihrer zehnjährigen Tochter immer wieder: »Du brauchst dich gar nicht anzustrengen, Mädchen verstehen nichts von Mathematik.« Nach einer gewissen Zeit übernimmt das Kind diesen Glaubenssatz, wenn auch unbewußt. Die Schulnoten sind entsprechend.

Der Vater, in seiner Jugend ein großer Sport-Crack, hat einen Sohn, der nicht gerade seinen sportlichen Erwartungen entspricht. Und das wirft der Vater ihm auch vor. Irgendwann glaubt der Sohn daran und setzt es konsequent um. Was Sie von sich und von anderen erwarten, wird eintreffen.

Pygmalion

Gedanken tragen den Pygmalion-Effekt in sich. Pygmalion war ein König der griechischen Sage, der nach seinen Idealvorstellungen eine weibliche Statue schuf. Er verliebte sich in sie und wünschte sich nichts mehr, als daß diese Statue lebendig würde. Die Göttin Aphrodite erhörte seine Bitten und erweckte die Statue zum Leben. Pygmalions Gedanken und Träume wurden Wirklichkeit. Er hat etwas erreicht, was eigentlich unmöglich scheint.

Ein Professor für Sprachwissenschaften schließt eine Wette ab, daß er es schaffe, der Blumenverkäuferin Eliza beizubringen, wie eine Aristokratin zu sprechen. Er gewinnt die Wette. Doch das Blumenmädchen hat nicht nur gelernt, vornehm zu sprechen. Sie hat sich so verändert, daß sie die Erwartungen, die Professor Higgins an sie stellte, sogar übertrifft.

Denn auch ihr Verhalten, ihre Lebenserwartungen und Lebenswerte sind völlig verändert. Der Professor hat Fähigkeiten und Talente in ihr zum Vorschein gebracht, die ihr bisher selbst unbekannt waren. So geschehen in dem Musical »My Fair Lady« nach der Vorlage des Theaterstücks »Pygmalion« von George Bernard Shaw.

Erwartungen haben einen starken Einfluß auf Veränderungen, Erwartungen bewirken den »Pygmalion-Effekt«: Sie führen zu sich selbst erfüllenden Prophezeiungen. Ich möchte Ihnen dazu eine Geschichte erzählen, die sich in meinem Bekanntenkreis tatsächlich vor einiger Zeit ereignet hat.

Der Gedanke an irgendeine Unvollkommenheit erzeugt eine solche. Allein Gedanken an Kraft und Vollkommenheit können diese heilen. VIVEKANANDA

Dieser Bekannte, ein junger Mann, war davon überzeugt, daß er bei der bevorstehenden Wiederholungsprüfung versagen würde. Die erste hatte er schon nicht bestanden, und auch diesmal erwartete er nichts anderes, als durchzufallen. Obwohl er täglich stundenlang für die Prüfung lernte, wuchs seine Angst davor. Immer stärker wurde der Gedanke: Das schaffe ich nie! Und je größer seine Angst wurde, um so weniger verstand er von dem, was er lernte. Seine Lernfähigkeit war völlig blockiert, mit jedem Tag sanken sein Selbstvertrauen und sein Mut. Unsicherheit, krampfhafte Anstrengungen und die Suche nach etwas Vernünftigem raubten ihm jede Power. Natürlich bestand er die Prüfung auch diesmal nicht. Schließlich hatte er auch nichts anderes erwartet!

Wie anders dagegen der Mensch, der ganz einfach davon ausgeht, sein Ziel zu erreichen. Er vertraut seinen Fähigkeiten. Er setzt seine ganze Kraft ein und nimmt begierig alles auf, was er für sich nutzen kann. Seine Gedanken gehen eher in die Richtung: Ich werde mein Ziel erreichen, und ich gebe mein Bestes. In jedem kleinen Schritt auf seinem Weg sieht er einen Erfolg, über den er sich freuen kann. Und gleichzeitig erkennt er, daß mehr in ihm steckt, und er erreicht sein Ziel. Seine positiven Erwartungen geben ihm genügend Kraft für eine fruchtbare Entwicklung.

Klammern Sie sich nicht an vergangene Mißerfolge. Sägemehl sägen hilft nicht! Sie selbst setzen sich Blockaden, wenn

Ihre Gedanken voller negativer Erwartungen sind. Besser ist es, die Gegenwart als Chance zu nutzen, um neue Wege zu versuchen. Bauen Sie in sich die Sicherheit auf, daß Sie viele Fähigkeiten haben. Denn es ist gar nicht so wichtig, seine Grenzen zu kennen. Viel wichtiger ist es, sie zu erweitern. Und dabei hilft Ihnen ein ganz einfaches Mittel: Erwarten Sie von sich und für sich einfach nur das Beste!

Natürlich stellen Sie nicht nur Erwartungen an sich selbst, sondern haben auch bestimmte Vorstellungen von Ihren Mitmenschen. Ihre Erwartungshaltung kann Menschen, mit denen Sie häufig zu tun haben, entweder in die negative oder in die positive Richtung beeinflussen.

Argumentiere für deine Grenzen, und mit Sicherheit sind sie deine.
RICHARD BACH

Wenn Sie Kinder haben, achten Sie doch einmal darauf, was passiert, wenn Sie sagen: »Das schaffst du nicht!« »Paß auf, du läßt es fallen!« »Das machst du bestimmt kaputt!« Oft erfüllt sich Ihre Prophezeiung, und Sie können anschließend triumphieren: »Siehst du, das habe ich dir doch gesagt.« Ihre Warnung war zwar fürsorglich gemeint, ist aber pädagogische Provinz. Denn Sie haben in Ihrem Kind den Gedanken an einen Mißerfolg erst entstehen lassen. Solche »Fürsorge« kann das Kind entmutigen und hemmen.

Auch am Arbeitsplatz entscheiden Vorgesetzte mit darüber, welcher der Mitarbeiter erfolgreich arbeitet. Oft genug havarieren sie mit unüberlegten Aussagen die Kriterien der Elite-Bildung. »Lieber Schmidt, geben Sie das besser dem Müller. Der kann das.« Wenn Herr Schmidt so etwas häufig hört, wird er genau so, wie der Vorgesetzte es von ihm erwartet: nicht fähig, bestimmte Aufgaben zu erledigen. Mit der Zeit sinkt sein Vertrauen in die eigenen Fähigkeiten, er wird seinen Job nur noch mittelmäßig ausüben.

Doch nicht nur mit Worten bringen Sie Ihre Erwartungen von anderen Menschen zum Ausdruck. Die Stimmlage, der Augenkontakt, der Gesichtsausdruck, die Körperhaltung signalisieren ebenfalls eine positive oder negative Erwartung. Meistens sind Sie sich dessen noch nicht einmal bewußt.

In Seminaren testen wir mit dem »Chef-Spiegel«, welche Auswirkungen innere Einstellungen haben können. Ein Teilnehmer spielt den Chef, ein anderer den Mitarbeiter. Der Mitarbeiter verläßt den Raum und denkt sich ein Problem aus, das er mit dem Chef besprechen möchte. Der Chef wird nun so auf den Mitarbeiter vorbereitet, daß er ihn eigentlich nur als unsympathisch und unfähig empfinden kann. Der Mitarbeiter kennt die innere Einstellung des Chefs nicht. Er betritt den Raum und will nun sein Problem darlegen. Nach kurzer Zeit ist er verunsichert, verhaspelt sich hier und da, wird immer unkonzentrierter, reagiert vielleicht sogar gereizt. Er präsentiert sich genau so, wie der Chef es erwartet hat: unsympathisch und unqualifiziert. Das Problem wird in diesem Fall sicher nicht zur beiderseitigen Zufriedenheit gelöst. Dann wird die Übung mit umgekehrten Vorzeichen wiederholt. Der Chef mag den Mitarbeiter sehr und schätzt dessen Fähigkeiten. Daß dieses Gespräch auf einer ganz anderen Ebene verläuft, dürfte auf der Hand liegen.

Wenn wir die Menschen behandeln wie sie sind, dann machen wir sie schlechter; wenn wir sie dagegen behandeln als wären sie bereits das, was sie sein soll-

Was auch immer Sie von einem Menschen erwarten, mit der Zeit wird er sich Ihren Erwartungen entsprechend verhalten. Sie bekommen das zurück, was Sie von ihm erwarten. Also trauen Sie Ihren Mitmenschen mehr Fähigkeiten zu, als sie anscheinend haben! Sie haben damit eine Möglichkeit, sie zu ermutigen und zu stärken. Und das gilt auch für die eigene Person. Sie haben immer die Wahl: Wenn Sie ein halbvolles Glas Wasser sehen, können Sie es als halbvoll oder als halbleer akzeptieren. Sie können sich in Ihrem Leben entscheiden, die Löcher im Käse

ten, dann bringen wir sie dahin, wohin sie zu bringen sind.
JOHANN WOLFGANG VON GOETHE

oder den Käse selbst zu sehen. Denken Sie an das 79/21-Gesetz. Es hängt von Ihnen ab, wie Sie denken und ob Sie die 21 oder die 79 Prozent sehen wollen. Das, was Sie denken, schaffen Sie auch. Eine negative Einstellung schafft Verlierer, eine positive Gewinner. Sie können das Drehbuch Ihres Lebens jederzeit umschreiben, denn die Macht über das eigene Leben ist ein angeborenes Recht und kein gnädig gewährtes Privileg.

Limitierung durch negative Gedanken

Die Menschen, die das erreicht haben, wovon sie träumen, haben auch nicht mehr Fähigkeiten. Daran liegt es auch gar nicht. Die Limitierung, Dinge nicht erreichen zu können, ist in unserem Kopf. Aber wenn Sie es wirklich wollen und bereit sind, den Preis dafür zu zahlen, dann funktioniert es auch.

Die folgende Übung soll Ihnen dabei helfen, in Zukunft besser über sich zu denken und dadurch erfolgreicher und glücklicher zu werden. Schreiben Sie einmal alle negativen Gedanken, die Sie selbst betreffen, auf ein Blatt Papier. Schreiben Sie wenigstens sechs Punkte auf, und orientieren Sie sich an den folgenden Beispielen.

- Ich kann vor Gruppen nicht gut präsentieren.
- Ich habe kein Geduld mit meinen Kindern.
- Ich bin ein Morgenmuffel.
- Ich habe kein Studium und deshalb schlechtere Chancen.
- Ich bin zu jung.
- Ich bin eine Frau, und Männer werden immer bevorzugt.

Bevor Sie nun die Übung fortsetzen, zuerst ein interessanter Aspekt, den Sie zusätzlich überdenken sollten: Auch negative Gedanken können durchaus einen positiven Nutzen haben. Der negative Gedanke, kein Studium und deshalb schlechtere Chancen zu haben, schützt Sie vielleicht vor der Erkenntnis, keine Verantwortung als Abteilungsleiter übernehmen zu wollen. Sie sehen, negative Gedanken können auch sehr sinnvoll sein, eine Art Schutzeffekt enthalten. Alles, was Sie denken, auch das Negative, hat eine positive Absicht in sich selbst. Um die kennenzulernen, können Sie folgendes tun: Hinterfragen Sie die negativen Gedanken nach ihrer positiven Absicht, und danken Sie ihnen für den gewährten Schutz. Denn wenn Sie wissen, was hinter den Gedanken steht, können Sie auch viel besser damit umgehen. Wenn Ihnen klar wird, daß Sie aufgrund des fehlenden Studiums nicht generell schlechtere Chancen haben, sondern daß Sie eine bestimmte Art der Verantwortung scheuen, kann sich Ihre Aufmerksamkeit jetzt auf ganz andere Möglichkeiten richten, bei denen Sie auch ohne Studium sehr wohl Chancen haben – und das, ohne diese unangenehme Verantwortung übernehmen zu müssen.

So, nun geht es weiter mit der Übung. Machen Sie bitte folgendes: Formulieren Sie Ihre Mäkeleien über sich selbst positiv um. Achten Sie darauf, daß Sie bei der Umformulierung positive Aussagen finden – also ohne Verneinungen auskommen.

Dazu sollten Sie zuerst einmal wissen, wohin Sie wollen. Denn jedes »Weg von …« ist eine Negativformulierung: Ich will nicht mehr so oft wütend sein; ich werde nicht mehr so faul sein; ich will nicht mehr so unordentlich sein. Negativformulierungen ziehen runter, sie erinnern an das, was man eigentlich nicht möchte. Wir wissen immer, was wir nicht wollen, aber selten ist uns klar, was wir statt dessen wollen. Unsere Umgangssprache wimmelt nur so von Verneinungen: Ich will diese Aufgabe nicht übernehmen; ich will nicht ins Kino gehen; ich will die Nachbarin nicht einladen; ich will nicht, daß du alleine gehst … Achten Sie einmal darauf, wie oft Sie eine Ablehnung so formulieren, statt klar zu sagen, was Sie wollen.

Wenn Ihr neues Denken erfolgreich sein soll, dann überlegen Sie, was Sie wollen. Geben Sie Ihren Aussagen eine »Hin zu«-Formulierung: Ich bin gelassen, ich bin fleißig, ich bin ordentlich. »Hin zu« ist sehr viel kräftiger und drückt aus, was Sie wollen.

Möchten Sie sich das Rauchen abgewöhnen, so ist es der absolut falsche Weg, sich ständig vorzubeten: »Ich möchte nicht mehr rauchen!« Durch diese verneinende Formulierung wird das Gehirn ständig wieder ans Rauchen erinnert – alle Gedanken werden also weiterhin auf das Rauchen fixiert. Eine viel besser funktionierende Formulierung ist: »Ich möchte klare, reine, frische und gesunde Luft zu jeder Zeit meines Lebens atmen.« Das ist ein positiv formulierter, gut funktionierender Gedanke, wenn es darum geht, sich das Rauchen abzugewöhnen. Natürlich reicht das allein nicht aus, aber es ist die beste Unterstützung, wenn Sie sich mit Ihrem Willen wirklich dazu entschlossen haben.

Das Schicksal biegt sich gehorsam wie ein gespannter Bogen in der Hand, wenn du den Pfeil der richtigen Gedanken durch ihn schießt.
YESUDIAN

Das Negativ-Denken mag auch das Beispiel des Lehrers einer Drachenflugschule verdeutlichen. Immer wieder warnte er seine Schüler davor, bloß nicht in die Nähe des einzigen Baumes auf dem Landeplatz zu kommen. Die Aufmerksamkeit der Schüler war damit natürlich auf den Baum gerichtet. Das Resultat der Geschichte: Die meisten sind zumindest in deutlicher Nähe des Baumes gelandet. Unser Unterbewußtsein kennt keine Verneinungen, es kennt keine Ironie und keinen Spaß. Es nimmt alles für bare Münze, wie immer wir etwas auch meinen. Es steht als Maschinist im Maschinenraum, sieht nichts und glaubt alles, was der Steuermann, der Verstand, ihm sagt. Und das führt es gnadenlos durch.

Bevor Sie nun darangehen, die Negativ-Statements, die Sie über sich selbst haben, in eine positive Aussage zu ändern, gibt es noch zwei weitere Punkte zu beachten:

1. Formulieren Sie die positiven Sätze in der Gegenwart. Sagen Sie nicht: »Ich werde ...« Wie soll Ihr Maschinist, Ihr Unterbewußtsein, wissen, wann Sie es zu tun gedenken? Er wird es

jeden Tag erneut in die Zukunft schieben, und es braucht nie getan zu werden. Schreiben Sie das, was Sie erreichen möchten, so auf, als wenn es bereits wäre. Denken Sie nicht mehr daran, wie es in Erfüllung geht, sondern gehen Sie davon aus, daß es bereits geschehen ist.
2. Achten Sie darauf, mit Ihrer Aussage ein konkretes Ziel zu benennen. Konkret bedeutet, daß Sie sich eine genaue Formulierung überlegen. Ist es Ihr Ziel, daß durch Ihre Hände sehr viel Geld fließt, dann kann das dazu führen, daß Sie der Kassierer einer Kreissparkasse werden. Ich nehme aber an, daß Sie sich etwas anderes vorgestellt haben. Versuchen Sie also die positiven Gedanken über sich selbst und Ihr Leben so konkret wie möglich zu formulieren.

Nun wissen Sie, was mit Positivformulierungen gemeint ist, und Sie können darangehen, Ihre Negativaussagen in eine positive Zielaussage zu verändern. Orientieren Sie sich dabei an folgenden Beispielen:

- Wenn ich im Team arbeite, begeistere ich die Teilnehmer.
- Meine Kinder erleben mich als ruhig, einfühlsam und geduldig.
- Dem Morgen schenke ich ein Lächeln, meine Laune ist bestens.
- Ich finde immer eine Lösung.
- Ich habe das richtige Alter.
- Ich nutze meine weiblichen Fähigkeiten.

Visualisierung ist der Vorbote der Realität

Sicher ist Ihnen klar, daß es noch etwas mehr braucht, als neue, positive Gedanken nur einmal aufzuschreiben. Träumen reicht nicht aus. Das wäre wie Instant Coffee: einmal denken und erledigt. Wiederholen Sie Ihre Positivaussagen so oft wie möglich. Sie können Sie laut aussprechen, leise vor sich hinmurmeln oder in Gedanken wiederholen. Wichtig ist, sie immer wieder an den Maschinisten weiterzugeben, sozusagen als Placebo fürs Unterbewußtsein. Perfekt ist es, wenn Sie sich zu jedem Satz ein Bild vorstellen, das Sie in der Situation zeigt, die Sie anstreben. Und damit kommen wir zum Thema Visualisieren.

Visualisieren ist Denken in Bildern. Sicher können Sie sich an eine besonders schöne Situation in Ihrem Leben erinnern. Schließen Sie die Augen, und lassen Sie alles noch einmal wie einen Film ablaufen. Das gleiche können Sie aber auch mit Situationen machen, die sich erst noch ereignen werden. Schließen Sie wieder die Augen, und denken Sie an etwas, was Sie sehr gerne erreichen möchten. Vielleicht entstehen spontan die dazu passenden Bilder.

Phantasie ist alles. Es ist die Vorschau auf die kommenden Ereignisse des Lebens.
ALBERT EINSTEIN

Nun mag es sein, daß Sie behaupten, keine Bilder sehen zu können. Schauen Sie doch mal eine halbe Minute auf irgendeinen Gegenstand, der jetzt vor Ihnen liegt. Dann schließen Sie die Augen. Nun, konnten Sie ihn sehen? Bewußtes Visualisieren kann gelernt werden. Und sobald Sie Bilder vor Ihrem inneren Auge produzieren können, versuchen Sie, auch die anderen Sinne daran zu beteiligen. Vielleicht hören Sie etwas, riechen oder schmecken etwas.

Aus der Gehirnforschung liegen Untersuchungen vor, daß gedanklich vorweggenommene Ereignisse bei intensiver bildlicher Vorstellung sich ebenso nachhaltig einprägen wie wirkliche Geschehnisse. Unser Gehirn kann zwischen Bildern aus der Vergangenheit, Gegenwart oder Zukunft nicht unterscheiden: Vorgestelltes und tatsächlich Erlebtes sind ein und dasselbe. Jedes Bild wird Bestandteil des geistigen Inventars. Und das können Sie sich zunutze machen. Denn das, was schon in der Erinnerung ist, braucht nur noch ausgeführt zu werden. Sie können ein einzelnes Bild sehen oder mehrere aneinandergereihte, Sie können einen ganzen Film drehen, aber eins sollten Sie immer tun: Stellen Sie sich in den Mittelpunkt des Geschehens. Und noch eins: Lassen Sie alle Sinne beteiligt sein.

Denken Sie an eine Ihrer positiv formulierten Aussagen, und stellen Sie sich vor, wie es ist, wenn Sie sie erreicht haben. Machen Sie sich in Ihrer Phantasie ein exaktes Bild davon: In welcher Umgebung sehen Sie sich? Sind noch andere Menschen anwesend? Wenn es ein Raum ist, welche Möbel stehen dort? Welche Farben können Sie sehen? Was hören Sie, riechen Sie? Welche Atmosphäre beherrscht die Szene? Malen Sie sich die entsprechenden Bilder in den kräftigsten Farben aus. Und was ganz wichtig ist: Wenn Sie erfolgreich visualisieren wollen, müssen die Gefühle stimmen. Stolz über einen Erfolg, Freude am Erreichten, Sicherheit oder Power während des Handelns sind gute Begleiter. Aber Gefühle wie Angst, Unsicherheit oder Besorgnis machen die schönsten Bilder zunichte.

Viele Weltklasse-Athleten arbeiten mit der Visualisierung, um ihre Leistung zu erhöhen. Dazu gehören nicht nur das geistige Durchführen des exakten Bewegungsablaufs und die Vorwegnahme des angestrebten Ziels, sondern auch die Erinnerung an vergangene Erfolge. Auch für Sie ist es wichtig, nicht nur die Zukunft zu visualisieren, sondern die Erfolge der Vergangenheit noch einmal bildhaft nachzuerleben. Das bildhafte Erinnern an die eigenen Erfolge gibt Kraft und Sicherheit für bevorstehende Situationen, in denen Sie sich unsicher oder ängstlich fühlen.

Bevor Sie also das nächste Mal den Konferenzraum betreten, um dem Vorstand ein Konzept zu präsentieren, vergegenwärtigen Sie sich mit allen Sinnen noch einmal Ihren Erfolg, als Sie vor zwei Jahren auf der Mitgliederversammlung das Wort ergriffen haben und Ihr Antrag einstimmig angenommen wurde.

Die bildhafte Vorstellung einer Positivaussage sollten Sie möglichst oft wiederholen. Denn auch das, was noch nicht geschehen ist, sollte ja den Weg ins Langzeitgedächtnis finden, damit Ihr Gehirn es wie etwas Tatsächliches ablegen kann. Es bringt allerdings wenig, daß Sie sich nun etwas vorstellen, was zur Zeit noch nicht aus eigener Kraft zu erreichen ist. Visualisieren hat mit Träumen nichts zu tun.

Sie sind so gut wie die Gedanken, die Sie schaffen!

1. Vielleicht gibt es für Sie zur Zeit wichtige Dinge, die Sie zwar gerne erreichen möchten, aber nicht in Angriff nehmen, weil Sie es sich nicht zutrauen. Notieren Sie, welche Dinge das sind und was Sie tun müßten, um dorthin zu gelangen.
2. Nun überlegen Sie, was Sie daran hindert, den ersten Schritt zu tun. Schreiben Sie auf, welche Gedanken Sie von der Umsetzung abhalten.
3. Mit positiver Gedankenformulierung verändern Sie nun die hemmenden Gedanken. Wiederholen Sie sie so oft, bis Ihr Verstand keinen Widerstand mehr entgegensetzt. Danach visualisieren Sie diese Situation so intensiv wie möglich. Sobald Sie sich in dieser Vorstellung wohl fühlen, setzen Sie sich einen festen Termin, und dann handeln Sie!

Zuerst mußt du mit guter, kraftvoller Nahrung deinen Körper aufbauen, nur so wird auch deine Seele stark. Die Seele ist der feinere Teil deines Körpers. Du mußt große Kraft in deinem Körper und in deiner Seele aufspeichern.
VIVEKANANDA

10 Energie

Die Triade

Gehören Sie zu den Menschen, die schon morgens gut gelaunt aufstehen und voller Power den Tag beginnen? Oder ist jeder Morgen eine neue Last, die erst nach einigen Tassen Kaffee leichter wird? Haben Sie abends noch genügend Energie, um das Zusammensein mit Ihrer Familie oder mit Freunden zu genießen, oder reicht Ihre Kraft gerade noch dafür, das Fernsehgerät einzuschalten und den Rest des Abends auf dem Sofa liegend zu verbringen? Der Unterschied liegt in einem entscheidenden Punkt: Energie!

Ganz egal, was Sie tun wollen, ob Sie arbeiten, lesen, sich unterhalten – Sie brauchen Energie. Ohne Energie können Sie das Leben nicht ausschöpfen. Jeder von uns möchte genug Energie haben, um vital und voller Freude sein Leben zu genießen. Aber wie viele Menschen fühlen sich Tag für Tag müde, ausgelaugt, ohne Tatkraft, völlig energielos. Der Grund dafür wird überall gesucht und meist auch gefunden: die anstrengende Arbeit, die belastende Ehesituation, zuwenig Zeit für die eigenen Interessen, zuwenig Urlaub. Das Thema Energie ist eine Triade, die drei Aspekte in sich vereinigt:

- Energiegewinnung durch die Aufnahme von Nahrung,
- Energiegewinnung durch die Aufnahme von Luft, also die feinstoffliche Ernährung, die wir Atem nennen,

- Energiegewinnung durch die Aufnahme von Sinneseindrücken.

Zum Schluß dieses Kapitels stelle ich Ihnen noch einen »Ultimativen Turbomotor« vor, der die durch die Triade aufgenommene Energie in ihrer Wirkung vertausendfacht.

Die meisten Menschen gehen ziemlich unbekümmert mit ihrem Körper um. Erst wenn es ihnen nicht mehr gut geht, suchen sie nach Wegen, um die Funktionen des Körpers wieder ins rechte Lot zu bringen. Das ist der falsche Weg. Sie sollten sich schon dann um Ihren Körper kümmern, bevor er Fitneß und Kraft verliert. Sie sollten mit Ihrem Körper pfleglich umgehen, damit Sie von seinem gesamten Leistungspotential profitieren. In der folgenden Liste finden Sie nur wenige Beispiele für das, was Ihr Körper täglich zu leisten hat:

- Blutdurchfluß gewährleisten
- Herzschlag regulieren
- Betriebstemperatur halten
- Nahrung verwerten
- Nahrung verdauen
- Schadstoffe beseitigen
- Organe reinigen
- Ausscheidung betreiben
- Zellen erneuern
- Hormone ausschütten
- Blutzuckerspiegel konstant halten
- Immunsystem regeln
- Nervensystem steuern
- Sinnesorgane funktionsfähig halten
- Atmung in Gang halten
- Gehirnfunktion gewährleisten
- Muskelfunktionen koordinieren

Drei Prinzipien ziehen sich, ohne daß ich sie immer wieder erwähnen werde, durch die Energie-Triade:

1. Das 79/21-Gesetz:
   Was immer auch gesagt wird, der angestrebte Idealzustand hat auch Ausnahmen. Das bedeutet, daß Sie 79 Prozent Ihrer Zeit danach leben und sich zu 21 Prozent sowohl zeitliche als auch inhaltliche Ausnahmen gönnen.
2. Das GMV-Prinzip – der GesundeMenschenVerstand:
   Lassen Sie sich von keinem etwas erzählen, sondern prüfen Sie selbst, ob die Triade und der »Ultimative Turbomotor« für Sie richtig sind. Erst dann sollten Sie danach handeln.
3. Strategie für den Körper:
   Auch wenn Sie zu der Ansicht kommen, daß die folgenden Seiten für Sie uninteressant sind, eine Strategie für Ihren Körper sollten Sie haben, wie immer die auch aussehen mag. Im wahrsten Sinne des Wortes tödlich dürfte es sein, keine Strategie für den Körper zu haben. Sie allein entscheiden, ob Sie sich durch die tierischen Urprinzipien des Körpers bewegen lassen oder ob Sie mit Kopf und Herz Ihrem Körper eine Orientierung ermöglichen.

Kommen wir nun zum ersten Teil der Triade:

Energiegewinnung durch die Aufnahme von Nahrung

Wie kommt es eigentlich, daß wir oft nicht wissen, wie man sich richtig ernährt? Ganz einfach: Die Nahrungsmittelindustrie verspricht uns ein gesundes Leben, wenn wir das verzehren, was sie herstellt. Und die Apostel der gesunden Ernährung führen uns mit ihren komplizierten Ernährungsvorschriften auf immer wieder neue Irrwege. Irgend etwas stimmt hier nicht.

Ich möchte hier ein paar einfache Grundregeln darstellen, die

Sie bei Interesse mit Hilfe der entsprechenden Literatur selbst vertiefen können. Entscheidend ist, daß Sie die Wichtigkeit der Ernährung begreifen. Wie Sie es inhaltlich umsetzen, ist Ihre Wahl. Beginnen wir mit der Kombination der Nahrungsmittel.

A) Kombination

Wer kennt nicht diese Müdigkeit nach einem opulenten Mahl, wenn man nur noch alle viere von sich strecken kann? Der Grund liegt darin, daß sich unsere ganze Energie auf die Verarbeitung der Nahrung konzentriert. Wenn Sie mittags ein mageres Schnitzel mit Kartoffeln und Salat, danach ein süßes Sahnedessert zu sich genommen haben, braucht Ihr Magen mindestens acht Stunden, um die Nahrung für den Verdauungstrakt vorzubereiten.

Kultur erwirbt man nicht, indem man viel liest, sondern indem man klug liest. Ebenso wird die Gesundheit nicht dadurch bewahrt, daß man viel ißt, sondern daß man klug ißt. ANDRÉ MALRAUX

Sobald das Schnitzel den Magen erreicht hat, stellt der Körper eine Säurelösung als Verdauungssaft bereit, um das Eiweiß aufzuschließen. Für die Verdauung der stärkehaltigen Kartoffeln ist allerdings eine alkalische Lösung notwendig. Erinnern Sie sich noch an Ihren Chemie-Unterricht? Wenn saure und alkalische Lösungen zusammenkommen, neutralisieren sie sich. Weder die Stärke noch das Eiweiß können richtig verdaut werden. Doch die Verdauung hat für den Körper absoluten Vorrang. Also stellt er noch mehr Verdauungssäfte zur Verfügung, die wieder neutralisiert werden. Das braucht Zeit und kostet Energie. Der Organismus ist bis an seine Grenzen beansprucht. Durch noch mehr Säure- und alkalische Lösungen versucht er, der Lage Herr zu werden. Irgendwann gibt er diese nicht richtig verdaute Mahlzeit vom Magen an die Verdauungsorgane weiter. Mindestens acht Stunden wurde die Nahrung im Magen verarbeitet, und mehr als 24 Stunden braucht sie jetzt noch, um durch den Verdauungstrakt zu kommen. Das kostet eine Unmenge Energie!

Durch den langen Aufenthalt im Magen ist der größte Teil des Eiweißes inzwischen von Fäulnis zersetzt, die Kohlenhydrate aus der stärkehaltigen Nahrung sind in Gärung übergegangen. Sodbrennen, saures Aufstoßen, Blähungen sind die Folge.

Die Verdauung beansprucht mehr Energie als jede andere Tätigkeit unseres Körpers. Hier können wir ansetzen, um mehr Energie für andere Zwecke freizusetzen. Denn das ganze Problem ließe sich vermeiden, wenn die richtigen Nahrungsmittel miteinander kombiniert würden. Sie brauchen auf Fleisch nicht zu verzichten, Sie sollten sich lediglich klarmachen, daß Fleisch ein konzentriertes Nahrungsmittel ist und Sie gleichzeitig keine andere konzentrierte Nahrung zu sich nehmen sollten. Also weder Kartoffeln, Reis, Nudeln, Käse oder Brot. Jedes Nahrungsmittel, dem durch Kochen oder eine andere Behandlung Wasser entzogen wurde, ist ein konzentriertes Nahrungsmittel. Der menschliche Organismus ist nicht dafür geschaffen, im Magen mehr als eine konzentrierte Nahrung gleichzeitig zu verdauen. Frisches Obst, Gemüse und Salate sind nicht konzentriert, sie sind Nahrung mit hohem Wassergehalt und können sowohl in saurer als auch in alkalischer Lösung abgebaut werden. Das Gemüse kann gedämpft oder gedünstet werden, aber es sollte schonend zubereitet werden, damit möglichst wenig Wasser entzogen wird.

Unter den absolut lebensnotwendigen Stoffen steht das Wasser neben Luft und Nahrung an oberster Stelle. Sie brauchen Wasser, um überleben zu können. 70 Prozent des menschlichen Körpers bestehen aus Wasser. Woher soll er das Wasser nehmen, wenn Sie es ihm nicht regelmäßig zuführen? Und damit ist nicht das Trinken von Wasser, sondern die Wasseraufnahme durch Nahrungsmittel gemeint. Obst und Gemüse sind die einzigen

Nahrungsmittel mit einem natürlichen, hohen Wassergehalt. Alles andere ist konzentrierte Nahrung, d. h. der Wassergehalt ist reduziert, entweder durch bestimmte Behandlung, wie z. B. Konservierung oder Kochen. Eine Ernährung, die Ihrem Körper mit den Nahrungsmitteln 70 Prozent Wasser zuführt, ist ideal, weil eben unser Körper aus 70 Prozent Wasser besteht. Das bedeutet, daß Obst, Gemüse und Salat in unserer Ernährung überwiegen sollten. Die restlichen 30 Prozent können aus konzentrierter Nahrung bestehen: Brot, Getreide, Fleisch, Hülsenfrüchte usw.

Der Körper findet in wasserhaltiger Nahrung alle Nährstoffe, die er für sein Überleben braucht: Vitamine, Mineralstoffe, Proteine, Aminosäuren, Enzyme, Kohlenhydrate und Fettsäuren. Das in Obst und Gemüse enthaltene Wasser schleust diese Nährstoffe in Ihren Magen und anschließend in die Därme, wo alle Nährstoffe aufgenommen werden. Neben seiner Aufgabe, die Nährstoffe durch den Körper zu transportieren, hat Wasser noch die wesentliche Aufgabe, den Körper von Schlacken zu reinigen. Dies ist nur möglich durch die Aufnahme von Nahrung mit hohem Wassergehalt, nicht jedoch durch Trinken von Wasser. Durch Wassertrinken werden keine lebenserhaltenden Elemente in den Körper gelangen. Das kann nur das Wasser, das in Obst und Gemüse enthalten ist.

Die richtige Kombination der Mahlzeiten heißt nicht, auf irgend etwas zu verzichten. Sie sollten nur nicht alles zur gleichen Zeit essen. Wenn Sie Ihre Nahrung nach Verträglichkeit zusammenstellen, ist schon ein großes Maß an Energie gewonnen. Sie fördern nicht nur die Auswertung und Ausnützung der Nährstoffe, Sie verhindern damit auch Verdauungsstörungen. Vor allem aber steigern Sie die Ihnen zur Verfügung stehende Energie. Wenn Sie allerdings glauben, damit seien alle Möglichkeiten der Energiegewinnung ausgeschöpft, dann irren Sie sich.

B) Körperzyklen

Ebensowenig wie Sie kann auch Ihr Körper 24 Stunden lang drei Dinge gleichzeitig erledigen. Alle für den Stoffwechsel und die Erhaltung Ihres Lebens lebensnotwendigen Prozesse werden mit äußerster Präzision durchgeführt und sind zu bestimmten Tageszeiten drei natürlichen Zyklen unterworfen:

- von 12 bis 20 Uhr: Nahrung aufnehmen und erschließen
- von 20 bis 4 Uhr: Nahrung verwerten und absorbieren
- von 4 bis 12 Uhr: Nahrungsreste und Schlacken ausscheiden

Unser Körper will seine Nahrung nur bis zum frühen Abend bekommen, damit er noch drei Stunden Zeit hat, bis sie den Magen verläßt und verwertet wird. Wenn Sie allerdings um 22 Uhr noch das delikate »Entenbrüstchen auf grünen Salaten« verspeisen, kommt Ihr Körper ins Schwitzen. Denn eigentlich ist er schon beim Zyklus der Verwertung angelangt, doch die Nahrung ist noch nicht einmal verdaut. Obwohl Sie keine stärkehaltigen Nahrungsbestandteile zu sich genommen haben, dauert es immerhin noch vier Stunden, bis der Magen die Nahrung zersetzt hat. Und dann ist es bereits zwei Uhr morgens – zwei Stunden, bevor der Körper mit dem Ausscheidungszyklus beginnen will. Der natürliche Arbeitsrhythmus des Körpers wird gestört, daher fühlen Sie sich beim Aufwachen müde und mißgelaunt.
Wenn Sie die drei Körperzyklen betrachten, werden Sie vielleicht wenig Verständnis dafür aufbringen, daß die Nahrungsaufnahme erst um 12 Uhr beginnen sollte. Aber keine Sorge, Sie brauchen deswegen nicht Hunger zu leiden. Die Natur hat ausreichend dafür gesorgt, daß der Mensch auch in der ersten Tageshälfte voller Energie sein kann: Ein vielfältiges Angebot an Obst steht Ihnen zur Verfügung.

Die Menschen werden krank, weil sie aus Torheit alles tun, um nicht gesund zu bleiben.
HIPPOKRATES

Bis zur Mittagszeit sollten Sie nur frisches Obst oder frisch gepreßten Saft zu sich nehmen. Anstatt Energie zu verbrauchen, schaffen Sie damit einen riesigen Energievorrat für den Tag. Fast alle frischen Früchte, mit Ausnahme von Bananen und Datteln, die ein bißchen mehr Zeit brauchen, halten sich nur sehr kurz im Magen auf, vorausgesetzt, sie sind gut zerkaut worden. Innerhalb von 20 bis 30 Minuten werden sie abgebaut und ihre Nährstoffe in den Darm abgegeben. Sie können während des ganzen Morgens soviel Obst essen, wie Sie wollen, bis ungefähr 30 Minuten vor einer anderen Mahlzeit. Die bei der Obstverdauung gesparte Energiemenge ist beachtlich. Allerdings ist es wichtig, Obst nur auf leeren Magen zu essen. Es darf nie zusammen mit anderer Nahrung verzehrt werden. Denn sobald Obst im Magen mit konzentrierten Nahrungsmitteln und den entsprechenden Verdauungssäften in Berührung kommt, zersetzt sich die Masse, fault, gärt und verwandelt sich in Säure.

Wenn Sie spät am Tag Obst essen möchten, sollten Sie darauf achten, daß die vorher aufgenommene Nahrung den Magen verlassen hat. Bei Salaten und Gemüsen dauert es zwei Stunden, bei einer fleischlosen Mahlzeit mit nur einem konzentrierten Nahrungsmittel drei Stunden, bei einer Mahlzeit mit Fleisch als einzigem konzentrierten Bestandteil vier Stunden und bei einer Mahlzeit mit mehreren konzentrierten Bestandteilen sogar acht Stunden.

C) Obst

Obst hat von allen Nahrungsmitteln den höchsten Wassergehalt. Jede Obstsorte enthält zwischen 80 und 90 Prozent Wasser. Nichts beschleunigt die Ausscheidung giftiger Schlacken mehr als der regelmäßige Verzehr von Nahrung mit hohem Wassergehalt. Solange noch giftige Schlacken im Körper sind, wird ein Teil der vorhandenen Energie für die Ausscheidung benötigt. Nur bei einem gereinigten Körper ist der optimale Energiegewinn möglich. Durch seine Zusammensetzung ermöglicht Obst dem Körper, sich von angesammelten Schlacken zu reinigen. Jetzt kann Ihr Körper optimal arbeiten.

Wenn Obst richtig verzehrt wird, kann seine wohltätige Wirkung von nichts übertroffen werden. All die Vitamine, Mineralstoffe, Kohlenhydrate, Aminosäuren und Fettsäuren, die der menschliche Organismus für seine Existenz braucht, sind im Obst enthalten. Zudem wird die in frischen Früchten enthaltene Fruktose schneller als jedes andere Kohlenhydrat in Glukose umgewandelt und kann sofort in den Blutkreislauf gelangen. So kann auch das Gehirn optimal mit dem einzigen Brennstoff versorgt werden, den es braucht: Zucker in Form von Glukose.

Überfülle dich nicht mit allerlei niedlicher Speise und friß nicht zu gierig; denn viel Fressen macht krank, und ein unsättigender Fraß kriegt das Grimmen!
JESUS SIRACH

Die in Obst enthaltene Lebenskraft wird von keiner anderen Nahrung übertroffen. Aber es versteht sich wohl von selbst, daß gekochtes oder konserviertes Obst für den Körper wertlos ist. Den größten Nutzen für uns hat es, wenn wir es in seiner natürlichen Form zu uns nehmen, also unzerkleinert, nicht erhitzt und nicht gepreßt. Doch wenn's zwischendurch denn ein Saft sein soll, dann bitte frisch gepreßt. Wenn Sie bereit sind, durch einen neuen Speisenplan Energie zu gewinnen, vergessen Sie die großmütterliche Empfehlung: »Morgens wie ein Kaiser…« Beginnen Sie morgens mit Obst.

D) Fleisch

Sicherlich weicht dieses Ernährungskonzept von unseren üblichen Eßgewohnheiten ab. Eiweiß und Kohlenhydrate werden aus Gewohnheit gleichzeitig verzehrt, Obst zum Dessert gereicht. Doch nicht immer sind alte Gewohnheiten gute Gewohnheiten. Die einfachste Möglichkeit, sich von ihnen zu trennen, ist, sie durch neue und bessere zu ersetzen. Die unnötigste Gewohnheit ist vielleicht der Glaube, zu einer ordentlichen Mahlzeit gehöre auch ein ordentliches Stück Fleisch. Fleisch gilt als ideale Eiweißquelle. Eines der Hauptargumente ist, daß tierisches Eiweiß dem Eiweiß des menschlichen Organismus ähnlicher ist als pflanzliches Eiweiß. Eiweiß ist ein hochkomplizierter und zudem schwer verdaulicher Nährstoff. Seine Verdauung dauert wesentlich länger als die jedes anderen Nährstoffs, und damit erhöht sich natürlich auch der Energieverbrauch.

Wir leben nicht, um zu essen, sondern wir essen, um zu leben.
SOKRATES

Es ist eine irrige Annahme, daß durch den Verzehr von Fleisch dem Körper Eiweiß zugeführt wird. Der Körper kann Eiweiß, so, wie es ihm durch Fleisch zugeführt wird, nicht verwerten. Es muß zuerst verdaut und in seine Aminosäuren-Bestandteile aufgespalten werden. Entscheidend für den Wert des Nahrungseiweißes ist, aus welchen Aminosäuren es besteht. Viele Aminosäuren kann der menschliche Körper selbst herstellen, nur acht müssen mit der Nahrung aufgenommen werden. Für diese Aminosäuren brauchen Sie kein Fleisch zu essen. Denn in Obst, Gemüse, Nüssen, Samen oder Keimlingen sind alle notwendigen Aminosäuren enthalten. Zudem sind viele Aminosäuren ziemlich empfindlich. Durch Hitze werden sie zerstört oder gerinnen, so daß der Körper sie gar nicht mehr verwenden kann.

Ein weiteres Argument für den Fleischverzehr ist, daß Fleisch Kraft gibt. Fressen Elefanten, Ochsen oder Pferde Fleisch? Sie wissen sicher, daß sich diese starken und ausdauernden Tiere von Pflanzen ernähren. Denn Fleisch kann den Körper gar nicht mit Energie versorgen. Es hat nur einen minimalen Anteil an Kohlenhydraten und somit auch keinen Brennwert. Der Körper wandelt die im Fleisch enthaltenen Fette erst dann in Kohlenhydrate um, wenn die Reserven des Körpers aufgezehrt sind. Und erst die im Überfluß verzehrten Kohlenhydrate werden in Fett umgewandelt und gespeichert. Der Körper kann also Fett speichern und verwenden, auch wenn in der Nahrung offensichtlich keines enthalten ist. Letztlich hat Fleisch auch keine Bedeutung für die Aufnahme von Ballaststoffen, die unter anderem für eine gute Verdauung äußerst wichtig sind.

Natürlich können Sie auch gesund bleiben, wenn Sie nun mal nicht auf Fleisch verzichten wollen, weil Sie es einfach gerne essen. Achten Sie dann aber darauf, daß Sie es zur richtigen Tageszeit zu sich nehmen und nur in Verbindung mit Gemüsen und Salaten.

Mit diesen Ernährungsprinzipien werden Sie sicherlich auch Ihr Gewicht regulieren können. Aber es handelt sich um keine Diät, vielmehr ist es ein Lebensstil, der in Ihrem Körper Energie freisetzt und Sie mit körperlicher, seelischer und geistiger Vitalität belohnt.

E) Nahrung genießen

Es ist nicht Sinn der Sache, daß Sie sich jetzt kompromißlos an das vorgestellte Konzept halten und jeder Gaumenverführung entsagen. Nichts im Leben ist 100prozentig. Auch bei der Ernährung gilt der Grundsatz: 79/21. Also haben Sie kein schlechtes Gewissen, wenn Sie morgen zum Steak unbedingt eine gebackene Kartoffel essen möchten, der Pizza nicht widerstehen können oder Ihnen schon beim Gedanken an Schaschlik mit Pommes frites das Wasser im Munde zusammenläuft. Bevor

Sie nun mißgelaunt darauf verzichten, gönnen Sie's sich. Sie haben nun mal Gelüste – was soll's! Und wenn deren Befriedigung sich auf 21 Prozent hochrechnet, können Sie die restlichen 79 Prozent um so eher mit allen Sinnen genießen. Denn was nützt das beste Essen, wenn die Sinne nicht beteiligt sind.

Bei der Ernährung steht der Geschmack natürlich im Vordergrund. Und auf diesem Gebiet sind wir mittlerweile wahre Gourmets – leider in die falsche Richtung. Wir sind zu Sklaven unseres Gaumens geworden. Der diktiert uns, daß Brot mit deftigem Aufschnitt am besten schmeckt, daß zu allem und jedem ein feines Sößchen serviert werden muß, daß nur Fleisch den diversen Suppen und Eintöpfen den richtigen Geschmack geben kann. Wissen Sie eigentlich, wie ein frisches, kräftiges Brot schmeckt, nur mit Butter bestrichen? Kennen Sie den Genuß von Pellkartoffeln und einer knackigen Salat-Beilage? Wann haben Sie das letzte Mal köstliches Obst als Zwischenmahlzeit zu sich genommen, statt Bonbons oder Schokolade? Und daß Gemüse nicht unbedingt zu einem Einheitsbrei verkocht werden muß, um genießbar zu sein, sollte Ihnen längst bekannt sein.

Vielleicht wird es Ihnen Freude machen, nach und nach den ganz natürlichen Geschmack der unterschiedlichsten Nahrungsmittel neu zu entdecken, die Geschmacksnerven zu verfeinern und Ihren Gaumen davon zu überzeugen, daß Schmecken weit mehr sein kann als Nahrungsaufnahme.

Energiegewinnung durch die Aufnahme von Luft

Die Atmung ist eigentlich ein natürlicher, energiespendender Körpervorgang. Und doch gibt es viele Menschen, die durch falsches Atmen mehr Energie verlieren, als sie gewinnen. Richtiges Atmen ist ein fließender, rhythmischer Vorgang. Durch die Nase wird Luft eingeatmet, strömt in den Bauchraum, hebt die Bauchdecke und das Zwerchfell und fließt dann in die Lunge.

Dann senken sich Bauch, Zwerchfell und Brustkorb wieder und lassen dabei die verbrauchte Atemluft ohne Anstrengung entweichen. Richtiges Atmen ist Entspannung pur. Es löst Verspannungen im Körper, vertreibt Streß, weckt körperliche, seelische und geistige Vitalität.

Der Atem ist der Seismograph unseres Befindens. Er reagiert sofort auf jede Veränderung der Gedanken und Gefühle. Selbst die bloße Vorstellung eines unangenehmen oder schönen Erlebnisses beeinflußt die Atmung. Glück, Freude, Trauer, Angst, Aggression, Streß spiegeln sich wider in einem veränderten Atemfluß. Achten Sie einmal bei unterschiedlichen Befindlichkeiten darauf: In Glücksmomenten werden Sie wohl tief durchatmen, bei Angstgefühlen wahrscheinlich nur flach in den Brustraum. Sie atmen anders, wenn Sie weinen, wenn Sie lachen, wenn Sie wütend sind.

Richten Sie in einer ruhigen Minute Ihre Aufmerksamkeit auf den Atemvorgang, ohne ihn willentlich zu beeinflussen. Lassen Sie ihn einfach so fließen, wie es Ihr natürlicher Atemrhythmus zuläßt. Hebt sich nur der Brustkorb oder wölbt sich der Bauch, ziehen Sie die Schultern leicht hoch, oder versetzt der Atemfluß den ganzen Körper in eine leichte Schwingung? Wenn Sie einmal Ihre schlafende Katze oder den Hund beobachten, wissen Sie, was entspanntes, energieaufladendes Atmen ist: Da reagiert nicht nur ein Teil des Körpers auf den Atemfluß, nein, es ist ein vom Kopf bis zu den Pfoten atmendes Wesen.

Unser Körper braucht Sauerstoff. Eine ungenügende Versorgung vermindert die Funktionsleistung der körpereigenen Abwehr, führt zur Einschränkung der Herzleistung und im schlimmsten Fall zum Absterben von Gehirnzellen. Nur wenn der Körper in der richtigen Weise »beatmet« wird, ist eine ausreichende Sauerstoffzufuhr gewährleistet.

Ich möchte Ihnen an dieser Stelle keine Atemtechniken erklären. Das Atmen ist eine zu wichtige Angelegenheit. Wenn Sie glauben, sich mit Ihrem Atem eingehender beschäftigen zu wollen, gibt es hervorragende Atemschulen und ausreichend Literatur zu diesem Thema. Aber einen Tip möchte ich Ihnen noch mit auf den Weg geben: Gähnen Sie! Gähnen Sie nach Herzenslust, wann immer Sie wollen. Das ist eine hervorragende Methode, um die richtige Atmung zu erfahren. Kein Mensch kann beim Gähnen nur in den Brustkorb atmen. Gähnen aktiviert den gesamten Körper.

Energiegewinnung durch die Aufnahme von Sinneseindrücken

Es mag vielleicht etwas seltsam anmuten, doch es ist tatsächlich so, daß die Sinneseindrücke maßgeblich daran beteiligt sind, wenn es darum geht, neue Energie aufzutanken. Die Sinne sollten so oft wie möglich und in allen Bereichen angenehm aktiviert werden. Fangen wir mit dem Sehen an. Wenn Sie in Urlaub fahren, wählen Sie doch bestimmt eine Umgebung aus, in der Sie sich wohl fühlen. Natürlich laden Sie Ihre innere Batterie auch durch die klare See- oder Gebirgsluft auf, aber das Sehen ist entscheidend an Ihrem Wohlergehen beteiligt. Denn was nützt Ihnen die schönste Luft, wenn der Blick auf das Meer durch eine Baustelle verunstaltet wird?

Jeder trägt in sich das Urbild der Schönheit, deren Abbild er in der großen Welt sucht.
BLAISE PASCAL

Was liegt also näher, als auch die Umgebung, in der wir uns täglich aufhalten, für das Auge so wohltuend wie möglich zu gestalten? Gehen Sie einmal ganz bewußt durch Ihre Wohnung, von Zimmer zu Zimmer. Hängt da vielleicht ein ungeliebtes Ölgemälde, das man nur nicht wagt, wegzunehmen, weil es ein Geburtstagsgeschenk der Erbtante ist? Steht der Nierentisch nur im Wohnzimmer, weil er in 20 Jahren viel Geld wert sein könnte? Mögen Sie Ihre Tapeten, die Gardinen? Oder werden Sie noch drei Jahre darin leben, weil aus Prinzip nur alle fünf Jahre renoviert wird? Vielleicht sammeln Sie auch all die vielen, nutzlosen Kleinigkeiten, die Ihnen nichts bedeuten. Aber weil es Geschenke sind von lieben Verwandten, die Ihnen ebenfalls nichts bedeuten, scheuen Sie sich davor, diesen Krimskrams wegzuwerfen. Gehen Sie durch jeden Raum, analysieren Sie ihn. Ihre Wohnung sollte wie ein Tempel sein, in dem Sie viel Kraft gewinnen. Glauben Sie mir, das ist keine Frage des Geldes.

Es gibt eine Unzahl von Möglichkeiten, bei denen Sie Energie über das Visuelle aufnehmen können. Achten Sie einmal auf Ihre Gefühle, wenn Sie sich nach dem Feierabend Ihrer Wohnung oder dem Haus nähern.

Was empfinden Sie, wenn Sie in die Straße einbiegen, in der Sie wohnen, wenn Sie dann die Haustür öffnen? Was sehen Sie, wenn Sie aus einem Fenster Ihrer Wohnung schauen? Sicher, nicht jeder wohnt in einer Parklandschaft, und manch einer liebt sogar den Blick auf den gegenüberliegenden Wohnblock. Wichtig ist, daß Sie wissen, was Sie brauchen, um sich wohl zu fühlen, und daß Sie sich dafür einsetzen, es auch zu bekommen.

Nehmen Sie sich bitte kein Beispiel an den beiden Angestellten, die sich im Büro gegenübersitzen. Jeder hat seine Hälfte des Raumes mit Fotos und Bildern geschmückt, die er mag. Mit der Konsequenz, daß jeder seinen Bildern den Rücken zuwendet und nur das sieht, was der Kollege mag.

Umgeben Sie sich mit den Dingen, die Ihnen über das Sehen Energie schenken. Der schön gedeckte Eßtisch, die Vase mit frischen Frühlingsblumen, eine kleine Statue.

Und warum nicht schon morgens beim Frühstück eine Kerze anzünden, wenn Sie Kerzenlicht doch mögen? Dazu läuft dann Musik, die den Beginn des neuen Tages noch um einiges schöner macht.

Unter der Tonkunst schwillt das Meer unseres Herzens auf wie unter dem Mond die Flut.
JEAN PAUL

Es braucht doch nicht immer nur der Radiosender zu sein, der Ihnen allmorgendlich den ewig gleichen Wechsel zwischen Hitparade, Nachrichten und Verkehrsmeldungen präsentiert. Probieren Sie doch einmal aus, wie angenehm der Tag beginnen kann, wenn Sie Musik hören, die Sie an eine glückliche Liebe erinnert oder an den letzten Urlaub. Sie werden merken, wie schön ein Tag auch schon um 6 Uhr 30 sein kann.

Musik heilt – davon sind einige namhafte Mediziner und Psychologen inzwischen überzeugt. Musik wirkt so unterschwellig auf die Seele, daß sie sich selbst dann auf die Stimmungslage auswirkt, wenn sie vollkommen unbewußt wahrgenommen wird. Musik kann aufputschen oder entspannen, sie kann heiter oder traurig stimmen. Und: Musik ist gewöhnungsbedürftig. Wer bisher nichts anderes kennt als Rock und Pop, Volksmusik und Schlager, wird sich wohl kaum über Nacht mit Klassik oder Meditationsmusik anfreunden können. Aber es ist wirklich lohnenswert, sich unvoreingenommen auf andere Musikrichtungen einzulassen.

Musik ist höhere Offenbarung als alle Weisheit und Philosophie.
LUDWIG VAN BEETHOVEN

Wenn Sie das nächste Mal in einem Stau stehen, versuchen Sie's mal mit den Rolling Stones: Der Pulsschlag steigt, Sie werden immer unruhiger, trommeln hektisch mit den Fingern auf das Lenkrad und warten ungeduldig darauf, daß der Verkehr endlich weiterrollt – was er natürlich nicht tut. Sicherlich wird es auch nicht dadurch weitergehen, daß Sie statt der Rolling Stones langsame Barockmusik hören. Aber diese Musik ist nicht aufputschend, im Gegenteil, sie beruhigt. Und damit sind Sie in der Lage, Ihre Konzentration auf ganz andere Dinge zu lenken, als unaufhörlich daran zu denken, wann sich der Stau denn endlich auflöst.

Für jede Stimmung gibt es die passende Musik: Musik, mit der Sie diese Stimmung verstärken können, aber auch Musik, mit der Sie diese Stimmung verändern können. Vorausgesetzt, Sie haben in Ihrem Konferenzraum eine Musikanlage, dann werden Sie eine Sitzung, bei der es voraussichtlich ziemlich heftige Dispute geben wird, wohl kaum mit Rockmusik untermalen. Es sei denn, Sie wollen erreichen, daß diverse Teilnehmer sich an den Kragen gehen. Besser wäre hier natürlich unaufdringliche, entspannende Musik, die gleichzeitig einen positiven Einfluß auf die Aufmerksamkeit der Beteiligten ausübt.

Finden Sie heraus, welche Musik für Sie richtig ist, wenn Sie nach einem anstrengenden Arbeitstag nach Hause kommen und abschalten wollen, wenn Sie eine Weile träumen möchten, neue Energie tanken oder wenn Sie nicht mit den stressenden Gedanken an die morgige Sitzung einschlafen möchten. Und vergessen Sie nicht die Macht der Musik, wenn Sie Ihren Partner in den Arm nehmen …

Damit sind wir beim Fühlen, ein weiterer Sinn, über den wir viel Energie auftanken können. Und um da weiterzumachen, wo wir aufgehört haben: Wie fühlt es sich an, wenn Sie Ihren Partner in den Arm nehmen, und was fühlen Sie dabei? Manch einer weiß zwar, wie das Fell seines Hundes sich anfühlt, aber er hat noch nie mit geschlossenen Augen die Linien und Konturen des Gesichts, die Hände oder die Haare seines Partners erfühlt. Ich möchte mich hier nicht in einem Plädoyer für die Zärtlichkeit ergehen, aber das intensive Berühren eines geliebten Menschen und die dabei entstehenden Empfindungen sind eine ungeheure Energiequelle. Schauen Sie sich frisch Verliebte an: Sie sprühen vor Energie und könnten die Welt aus den Angeln heben.

Energie durch das Fühlen können Sie allerdings auch über ganz andere Dinge gewinnen. Wie fühlt sich eigentlich all das an, was Sie im Laufe des Tages in die Hand nehmen? Die kleine Tonfigur, deren Rundungen kühl in der gewölbten Handfläche liegen. Die Tischplatte aus naturbelassenem Holz, so daß Sie die

Maserung spüren können. Die geschliffene und gelackte Oberfläche des Schrankes, seidenglatt und warm. Der kalte Stahl des Stuhles, das Ledersofa, der Plüschsessel. Selbst wenn Sie sich morgens ankleiden, fühlen Sie Seide, Wolle, Leinen oder Synthetik.

Was Sie gerne berühren und fühlen, ist natürlich Geschmacksache. Wichtig ist aber, daß Ihr Tastsinn etwas Angenehmes wahrnimmt, wenn er Dinge berührt. Nicht umsonst heißen die kleinen runden Gegenstände aus allen möglichen Materialien »Handschmeichler«: Der Hand sollte geschmeichelt werden. Schließlich ist der Mensch ein fühlendes Wesen. Und das bezieht sich nicht nur auf das innere Gefühl, sondern auch auf das, was er berührt und ertastet.

Wenn sich Herz und Mund erlaben, will die Nase auch was haben.
SPRICHWORT

Kommen wir nun zum letzten, aber nicht minder wichtigen Sinn des Menschen: das Riechen. Wir fahren ans Meer, atmen tief ein und riechen die leicht feuchte, salzige Luft. Wir stehen auf saftigen, grünen Wiesen und atmen den Duft von frischem Gras ein. Im Wald genießen wir das würzige Aroma von Laub und Tannennadeln. Und dann stellen Sie sich mal auf eine Müllhalde. Der Unterschied dürfte gravierend sein und auch die Auswirkung auf Ihre Energie.

Wo wir gehen und stehen, riechen wir etwas. Wenn wir den Geruch mögen, atmen wir ihn tief ein; wenn nicht, möchten wir uns am liebsten die Nase zuhalten, der Atem wird flacher. Der uns umgebende Geruch ist eng verbunden mit der Energieaufnahme durch die Atemluft. Aber auch die sinnliche Wahrnehmung eines Duftes spendet neue Energie.

Wahrscheinlich zieht es jeder von Ihnen vor, sich in frisch gelüfteten Räumen aufzuhalten. Frische Luft führt uns nicht nur Sauerstoff zu, sondern riecht auch wesentlich angenehmer als abgestandene Raumluft. Vielleicht gehören Sie zu den glücklichen Menschen, die inmitten der Natur wohnen, umgeben von Bäumen, Gärten oder Wiesen. Ist es nicht herrlich, durch die geöffneten Fenster die Gerüche der Natur aufnehmen zu können? Wenn Sie zu den Menschen gehören, die das Stadtleben einer ländlichen Umgebung vorziehen, brauchen Sie dennoch nicht auf angenehme Düfte verzichten. Kerzen aus echtem Bienenwachs lassen ein warmes Honig-Aroma durch die Wohnung ziehen. Frische Blumen verbreiten einen Hauch von Frühling. Und dann die Vielzahl von ätherischen Ölen! Sie brauchen nur eine Duftlampe, und schon können Sie sich mit dem Geruch von anregenden, erfrischenden, wärmenden oder beruhigenden Essenzen umgeben. Düfte sind Balsam für die Seele.

Jeder Tag des Lebens kann ein Fest für die Sinne sein, wenn Sie ihnen die Aufmerksamkeit schenken, die ihnen zukommt. Umgeben Sie sich mit dem, was Ihre Sinne brauchen. Um es noch einmal zu betonen: Um die Sinne zu befriedigen, braucht es kein Geld im Überfluß. Manch einer mit nur bescheidenem Einkommen lebt in einer Umgebung, in der die Sinne mehr Energie aufnehmen können als derjenige, der sich finanziell fast alles erlauben kann.

Der ultimative Turbomotor

Keine Sorge, es geht hier nicht ums Joggen, Tennisspielen oder um andere anstrengende und aufwendige Darbietungen. Sie brauchen auch keinen Fitneßraum, keinen Übungspartner, keine besonderen Accessoires. Sie können diese Übung überall durchführen, wo Sie bequeme Kleidung tragen können und einen Platz von ein mal zwei Meter zur Verfügung haben. Und sie ist für jedes Alter geeignet. Wenn Sie dann noch ein Fenster öffnen können, um Sauerstoff hereinzulassen, sind Sie optimal gerüstet.

Im Hatha-Yoga gibt es eine Übung, die sich »Surya Namaskar« nennt, was soviel bedeutet wie Sonnenhuldigung oder Sonnengruß. Lassen Sie sich durch den Namen nicht abschrecken. Es handelt sich um kein religiöses Ritual, aber es könnte eines der schönsten Rituale für Ihre Gesundheit werden. Der Sonnengruß ist einzig in seiner Art. Zehn Yogaübungen werden zu einem Zyklus miteinander verbunden, begleitet von einem geregelten Atemrhythmus. Nacheinander werden mehrere Zyklen durchgeführt.

Die tägliche Ausführung dieser Übung ist ein wahrer Jungbrunnen: Das Rückgrat wird stark und biegsam, Rückenschmerz gelindert. Die gesamte Muskulatur des Körpers wird gestärkt. Die inneren Organe werden gesund gehalten, die Verdauung verbessert und der Darm gesäubert. Das Blut wird mit Sauerstoff aufgeladen und entgiftet, die Blutzirkulation angeregt und hoher Blutdruck bekämpft. Die wechselnde Dehnung und Biegung der Wirbelsäule stärkt das Nervensystem. Die Funktion der innersekretorischen Drüsen wird angeregt. Der Körper wird entgiftet. Zusätzlich verhindert diese Übung unnötigen Fettansatz, verleiht einen schönen Teint, erhöht die Beweglichkeit der Gelenke und vermittelt jugendliche Geistesfrische. Als Anfänger arbeiten Sie zunächst einzeln an jeder Stellung. Fügen Sie zuerst die aneinander, die Ihnen leichtfallen. Ein Fortgeschrittener braucht für einen Zyklus nur 20 Sekunden! Aber lassen Sie sich alle Zeit, die Sie brauchen, um die Körperhaltungen zu erlernen.

Die Hatha-Yoga-Übung »Surya Namaskar«*

Tragen Sie leichte, nicht einengende Kleidung während des Übens, um eine tiefe Atmung und Bewegungsfreiheit zu ermöglichen. Als Hilfestellung breiten Sie ein Handtuch auf dem Boden aus.

*Quelle: Rajah von Aundh, Das Sonnengebet. Ein einfaches System von Yoga-Übungen für Jedermann. Artha-Verlag, Kleinjörl o.J.

1. Breiten Sie das Tuch aus, und stellen Sie sich aufrecht mit geschlossenen Füßen und Knien so hin, daß die Fußspitzen das Tuch berühren. Legen Sie die Handinnenflächen vor der Brust zusammen, die Fingerspitzen weisen nach oben. Nun dehnen Sie den gesamten Körper von den Füßen bis zum Nacken. Vielleicht hilft Ihnen die Vorstellung, daß am Scheitel ein unsichtbarer Faden befestigt ist, der Sie nach oben zieht. Dann spannen Sie alle Muskeln an. Achten Sie darauf, nicht ins Hohlkreuz zu gehen. Sie beginnen bei den Füßen, danach die Beine, das Gesäß, Rücken und Schultern, der Nacken, die Arme, die Brust und der Bauch. Schenken Sie jedem Körperteil Ihre volle Aufmerksamkeit. Auf diese Weise werden Sie sich aller Muskeln bewußt. Während Sie mit der Anspannung beginnen, holen Sie einmal tief Luft und halten dann den Atem an. Fokussieren Sie Ihren Blick nun auf einen imaginären Punkt, und denken Sie daran, daß Ihnen Gutes geschieht: In dieser konzentrierten Haltung verharren Sie sieben Atemzüge lang. Mit der letzten Ausatmung beginnt die zweite Stellung.
Wirkung auf den Körper: Die Anspannung stärkt alle Muskeln, die Lungen füllen sich mit Luft, Magen und Darm werden in ihrer Funktion angeregt, die Wirbelsäule wird gedehnt.
2. Während des Ausatmens beugen Sie den Körper und legen die Handflächen bei durchgedrückten Knien auf das Tuch. Sollten die Beine diese Dehnung noch nicht zulassen, geben Sie in den Knien soweit nach, daß Sie die Hände flach auflegen können. Die Daumenballen bilden mit den kleinen Zehen eine Linie. Versuchen Sie beim Niederbeugen, mit der

Stirn oder der Nase die Knie zu berühren, und richten Sie den Blick zur Taille. Dabei wird der Nacken gedehnt. Die Stellung wird erleichtert, wenn der Bauch eingezogen und dabei alle verbrauchte Luft ausgestoßen wird.

Wirkung auf den Körper: Die gesamte rückwärtige Körpermuskulatur wird gedehnt. Die Bänder im Rücken, Hals, Nacken und in den Beinen werden gestreckt und gestärkt. Die Dehnung der Wirbelsäule macht sie gelenkig und biegsam, Schultern und Rücken werden entspannt. Der Kopf wird durchblutet und dadurch die Denkfähigkeit verbessert. Leber, Milz, Magen und Nieren werden angeregt, die Verdauung gefördert.

3. Die Hände bleiben fest auf ihrem Platz. Nun atmen Sie das zweite Mal tief ein und halten die Luft an. Dabei schieben Sie das rechte Bein nach hinten, Fußspitze und Knie berühren den Boden. Die Arme sind gestreckt. Sie lassen Ihren Oberkörper auf das linke Knie nieder und drücken den Schenkel so fest wie möglich in die Seite. Dabei heben Sie den Kopf emporblickend so hoch wie möglich.

Wirkung auf den Körper: Durch den Schenkeldruck des linken Beines werden die Organe der linken Bauchhälfte massiert und belebt. Bei Milzbeschwerden führen Sie diese Stellung bitte wie unter 8. beschrieben aus.

4. Während Sie weiterhin den Atem anhalten, heben Sie das Becken und schieben den rechten Fuß zurück zum linken, ohne die Hände zu verschieben. Beide Fersen berühren den Boden. Der Blick ist wieder zur Taille gerichtet. Ihr Körper bildet die Form eines umgekehrten »V«. Wenn die rückwärtigen Beinmuskeln bis aufs äußerste gespannt sind, wissen Sie, daß die Haltung richtig ist. Versuchen Sie am Anfang jedoch nicht, Ihre Fersen auf den Boden zu zwingen.

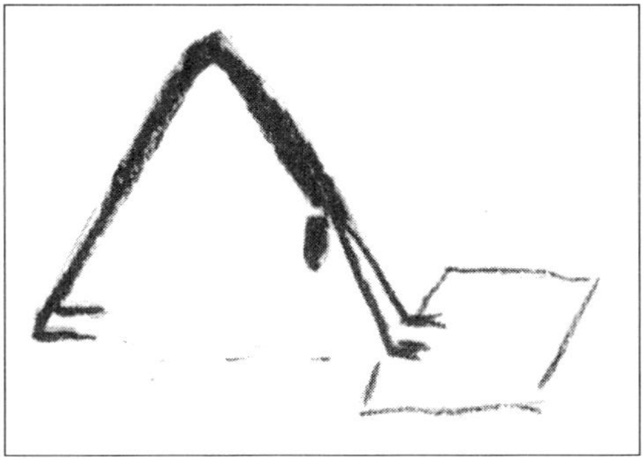

Wirkung auf den Körper: Dehnt die rückwärtigen Beinmuskeln, die Arme werden gekräftigt, durchblutet den Kopf- und Brustbereich. Die Fesseln werden leicht und geschmeidig.

5. Die Hände bleiben an ihrem Platz, und Sie lassen sich ausatmend auf den Boden nieder: Stirn, Brust, Knie und Zehen berühren den Boden, nicht aber die Hüften und der Unterleib. Ziehen Sie während des Ausatmens den Bauch ein. In dieser Haltung das Becken so weit wie möglich vom Boden abheben.

Wirkung auf den Körper: Rückenmuskeln und die Lendenwirbelsäule werden gestärkt, die Organe des Unterleibs belebt. Die Hals- und Kehlmuskeln werden durch das Beugen des Kopfes gekräftigt. Arm- und Kniegelenke werden gelockert und gestärkt.

6. Hände, Zehen und Knie bleiben in derselben Lage wie bei der vorigen Stellung. Sie strecken die Arme aus, atmen dabei ein, halten den Atem an und dehnen die Brust stark nach vorn. Das Becken liegt auf dem Boden, der Rücken ist stark gebogen. Richten Sie den Blick in die Höhe, und strecken Sie den Hals.

Wirkung auf den Körper: Da fast das ganze Gewicht des Körpers von den Armen getragen wird, werden sie geformt und gestärkt. Strafft und festigt die Büste der Frau. Die Neigung zu Mandelentzündungen und anderen Halsleiden wird gemildert. Diese Stellung kräftigt die Schilddrüse. Deshalb seien Sie bitte vorsichtig bei einer Schilddrüsenüberfunktion: Dehnen Sie den Hals nicht zu stark!

7. Der Atem wird immer noch gehalten. Heben Sie das Becken, senken Sie den Kopf, und richten Sie den Blick zur Taille. Ihr Körper beschreibt wieder ein umgekehrtes »V«.

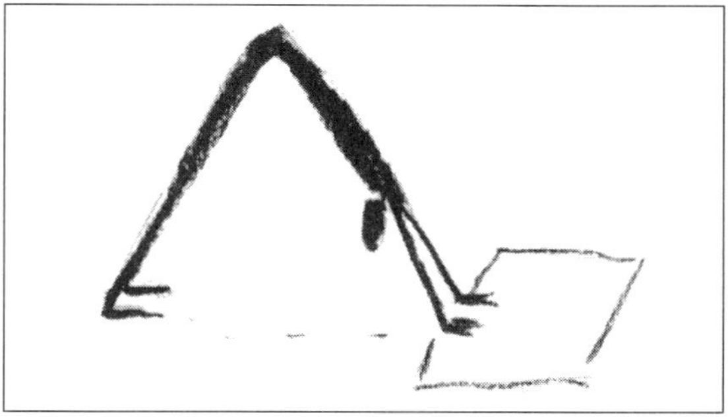

Wirkung auf den Körper: wie bei Stellung 4.

8. Sie halten weiterhin den Atem an, setzen den rechten Fuß in schwungvoller Bewegung nach vorn neben den rechten Daumenballen. Das linke Bein ruht mit dem Knie und der Fußspitze auf dem Boden. Wie bei der dritten Übung drücken Sie den Schenkel des rechten Beins gegen die Rumpfseite, heben den Kopf und richten den Blick nach oben.

Wirkung auf den Körper: Durch den Schenkeldruck auf der rechten Seite werden die Leber und der aufsteigende Dickdarm angeregt. Bei Leberbeschwerden führen Sie diese Stellung bitte wie unter 3. beschrieben aus.

9. Sie wiederholen mit der Ausatmung die zweite Stellung: das Becken heben, den linken Fuß nach vorn neben den rechten stellen. Die Knie durchdrücken und mit Stirn oder Nase berühren. Den Blick zur Taille richten.

10. Mit der vierten Einatmung kehren Sie zurück zur Grundstellung und beginnen den zweiten Zyklus ausatmend mit der zweiten Stellung, dem Beugen zur Erde.

Bevor Sie mit dem ersten Zyklus dieser Übung beginnen, drehen Sie sich sechsmal um sich selbst. Sie breiten die Arme parallel zum Boden aus und bewegen sich im Uhrzeigersinn. Wahrscheinlich wird Ihnen dabei etwas schwindelig werden. Nutzen Sie den Trick der Tänzer, die ihren Blick auf einen Punkt konzentrieren, bevor Sie mit der Drehung beginnen. Halten Sie den Blick so lange wie möglich auf diesen Punkt. Sobald er aus Ihrem Blickfeld verschwindet, drehen Sie Ihren Kopf schnell herum und konzentrieren sich wieder auf den Punkt. Der Kopf bewegt sich also nicht in der gleichen Geschwindigkeit wie der Körper. Wenn Ihnen nach diesen Drehungen schwindelig ist, legen Sie sich etwas hin. Sie können aber auch die Arme nach vorn ausstrecken und den Blick so lange auf die Fingerspitzen konzentrieren, bis das Schwindelgefühl aufhört. Dann beginnen Sie mit der Übung und durchlaufen so viele Zyklen, wie Sie möchten.

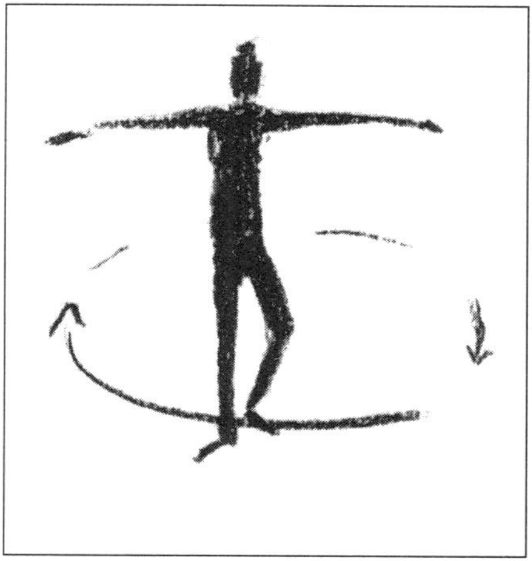

Zum Abschluß der gesamten Übungsreihe legen Sie sich flach auf den Boden, die Arme ruhen seitlich am Körper, die Handflächen liegen auf, und die Finger sind geschlossen. Dann heben Sie den Kopf und ziehen das Kinn zur Brust. Gleichzeitig heben Sie die Beine mit durchgedrückten Knien so weit wie Sie können nach oben über den Körper in Richtung des Kopfes. Überanstrengen Sie sich bei dieser Übung nicht. Wenn Sie die Beine nur schräg zum Boden halten können, reicht das vorerst aus. Wichtig ist, daß die Knie dabei gestreckt bleiben. Je häufiger Sie üben, um so eher können Sie die Beine in die angestrebte Position bringen. Beim Anheben von Kopf und Beinen atmen Sie tief ein. Und während des Ausatmens senken Sie langsam Kopf und Beine zurück zum Boden. Die Knie bleiben auch dabei gestreckt. Entspannen Sie die Muskeln, dann wiederholen Sie diese Übung noch fünfmal.

Gönnen Sie sich das Beste!

1. Denken Sie daran, daß Ihr Körper eine Unzahl von Aufgaben zu erledigen hat. Vergegenwärtigen Sie sich – am besten schriftlich – all das, was Sie tun, um ihn zu stärken, aber auch das, womit Sie ihn schwächen. Welche stärkenden Elemente wollen Sie künftig hinzunehmen, und auf welche schwächenden wollen Sie verzichten?
2. Beobachten Sie eine Woche lang Ihre Eßgewohnheiten. Glauben Sie, daß es die richtigen sind, um neue Energie zu tanken? Wenn nicht, dann finden Sie ein Ernährungskonzept, das Ihrem Körper Gutes tut und Ihnen Power gibt.
3. Schenken Sie Ihrem Zuhause und dem Arbeitsplatz einmal Ihre volle Aufmerksamkeit. Werden die Sinne so wohltuend wie möglich angesprochen? Machen Sie sich eine Liste, was Sie verändern wollen, wie Sie es verändern wollen und wann Sie es tun werden.

✍

Die wahre Natur des Menschen ist Vollkommenheit. Deren bewußter Ausdruck ist vollkommene Gesundheit von Geist und Körper. Dies ist Glückseligkeit.
YESUDIAN

11 Die Integration der Schatten

Die Waagschale der Prioritäten

Polaritäten sind Bestandteile unseres Lebens. Zur Arbeit gehört die Erholung, zur Schöpfung die Zerstörung, das Einatmen zum Ausatmen, die Spannung zur Entspannung. Polaritäten sind gleichwertig, sie ergänzen sich und brauchen einander. Sie sind eine Einheit.

Erinnern Sie sich an das Pendel des Lebens? Der einen Seite steht die von uns negativ beurteilte andere Seite gegenüber.

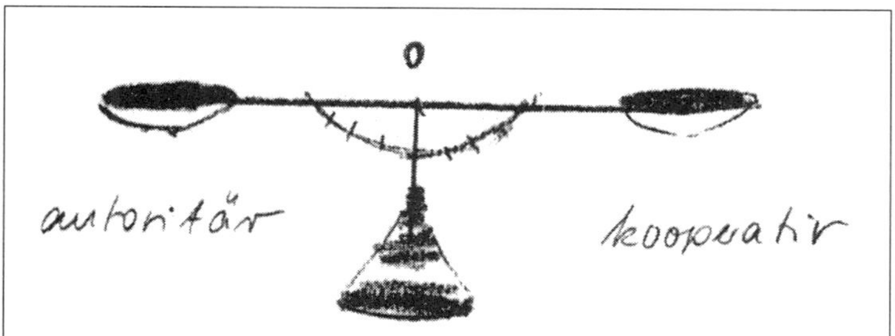

Die Waage der Polaritäten, die Sie hier sehen, ist im Gleichgewicht. Nun hängt es natürlich von Ihrem Standpunkt ab, auf welche der beiden Verhaltensweisen Sie mehr Gewicht legen. Ist wie in der Grafik die Gewichtung ausgeglichen, stehen beide

Verhaltensweisen in einem harmonischen Verhältnis zueinander. Sie können sich sowohl kooperativ als auch autoritär verhalten, je nachdem, wie es einer Situation angemessen ist. Je stärker Sie nun Ihren Standpunkt auf die eine oder andere Seite verlagern, um so mehr neigt sich die Waage natürlich auch der entsprechenden Seite zu. Wenn Sie die Überzeugung haben, daß ein autoritäres Verhalten generell vorzuziehen sei, wird die Kooperation keinen Platz in Ihrem Leben haben. Die rechte Waagschale bleibt leer, und die Ausgewogenheit der Polaritäten wird damit gänzlich verhindert. Sie können aber auch, wie Herr K. in dem folgenden Beispiel, in jedem Fall ein hundertprozentiges kooperatives Verhalten als richtig empfinden und ein autoritäres Verhalten völlig ablehnen. Herr K. hat seinen Standpunkt ganz rechts bezogen. Denn schon in seiner Kindheit hat er gelernt, sich absolut kooperativ zu verhalten: Das Miteinander wurde in der Familie großgeschrieben. Weder Vater noch Mutter bestimmten einfach, was zu tun oder zu lassen sei. Auch in seinem späteren Ausbildungs- und Berufsleben hatte er stets das Vergnügen, auf Chefs und Vorgesetzte zu treffen, die einen absolut kooperativen Umgangsstil pflegten. Da wundert es nicht, daß für ihn das kooperative Verhalten anderer Menschen selbstverständlich geworden ist. Und die Polarität des kooperativen Verhaltens, nämlich autoritäres Gehabe, lehnt er natürlich absolut ab.

Unsere normale Angewohnheit, daß wir uns gegenüber allen menschlichen Signalen abschirmen, die nicht sofort mit unserer Rea-

Herr K. ist nun 45 Jahre alt. Heute ist für neun Uhr eine Konferenz anberaumt, an der er teilnehmen muß. Er hat sich etwas verspätet und betritt erst fünf Minuten vor neun das Gebäude des Unternehmens, in dem er beschäftigt ist. Auf dem Weg zum Konferenzraum kommt er an einem Büro vorbei und hört, wie Herr A. einen Mitarbeiter im Rahmen feiner Management-Techniken nach Strich und Faden fertigmacht. K. ist über dieses Verhalten sehr verärgert, am lieb-

litätsgrundlage vereinbar sind, ist der Mechanismus, der uns weit dümmer bleiben läßt, als nötig wäre.
ROBERT A. WILSON

sten würde er sich einmischen. Doch es ist zwei Minuten vor neun, er hat keine Zeit mehr und eilt an diesem Raum vorbei. Kurze Zeit später wird das Unternehmen umorganisiert, und er bekommt einen neuen Chef. Und wie der »Zufall« es will, ist sein neuer Vorgesetzter Herr A., der Mensch, dessen autoritären Führungsstil er vor einiger Zeit miterlebt hat. K. ist nicht gerade glücklich darüber und versucht in den nächsten Wochen mehrmals, seinen Chef zu einem etwas kooperativeren Umgang zu bewegen.

Natürlich zieht Herr K. aber jedesmal den kürzeren. Und obwohl er weiß, daß A. höchstwahrscheinlich für die nächsten Jahre sein Chef bleiben wird, möchte er seine Stelle nicht aufgeben.

Zwei Monate später: K. geht seiner Arbeit nur noch mit einem gewissen Unwohlsein nach und hat einiges an Arbeitslust eingebüßt. Sechs Monate später hat sich seine Verärgerung immer noch nicht gegeben, vielmehr steht er inzwischen auch der Managementleitung ablehnend gegenüber, denn der hat er ja seinen Vorgesetzten zu verdanken. Ein weiterer Monat vergeht, K. ist inzwischen leicht depressiv und ziemlich sauer auf das gesamte Unternehmen. Oft reagiert er wütend und verärgert, und das hat natürlich auch Auswirkungen auf sein Familienleben.

Nach anderthalb Jahren können wir eine schwarze Linie ziehen. Denn jetzt schlägt das ganze in eine leichte Somatisierung um: K. hat Kopfschmerzen, wird häufig krank und beantragt schließlich eine Kur. Nach zwei Jahren wird ein Magengeschwür bei ihm diagnostiziert, dessen Auswirkungen er mit Tabletten aber noch gut beheben kann. Nach einem weiteren Jahr hat er ein chronisches Magengeschwür, zu Hause sind Konflikte an der Tagesordnung, im Betrieb haben sich die Fronten verhärtet, und das leicht depressive Verhalten hat sich manifestiert. Bald ist eine Magenoperation unumgänglich, dann trifft ihn der erste Herzinfarkt. Wenn wir voraussetzen, daß K. keine Veränderung in Gang setzen konnte und den gleichen Chef behält, wird er vielleicht eine schwere Krankheit bekommen, die ihn zum frühzeitigen Ausscheiden aus dem Unternehmen zwingt.

Realität oder Fiktion? Wenn Sie richtig hinsehen und die Krankheitsverläufe von Mitarbeitern in verschiedenen Unternehmen betrachten, werden Sie sehr wahrscheinlich zu der Ansicht gelangen, daß wir es hier mit der Realität zu tun haben.

Opfer negativer Gefühle

Herr K. ist das Opfer eines autoritären Führungsstils. Gleichzeitig ist er aber auch das Opfer seines eigenen kooperativen Verhaltens. Er ist das Opfer seines Standpunktes. Nur deshalb kann er in eine derart negative Energie versetzt werden, weil er den Gegenpol seines Standpunktes radikal ablehnt. Autoritäres Verhalten ist ihm zuwider, er kann sich damit nicht identifizieren. Und damit setzt er eine Maschinerie in Gang, die schwer zu stoppen ist.

Der Körper ist der Übersetzer der Seele ins Unsichtbare.
CHRISTIAN MORGENSTERN

Wer krank ist, schwimmt mit seinen Gedanken gegen den Strom des Lebens. Es ist wohl keine Spekulation, sondern Wahrscheinlichkeit, daß die meisten Krankheiten durch negative Gefühle als Resultat negativer Gedanken entstehen. Sie wissen vermutlich, wie sehr negative Gefühle Ihre Energie schwächen können, so daß Krankheiten Zugang finden. Und je mehr Ihre körperlichen Schwächen durch negative Gefühle beeinflußt werden, um so weniger können Sie auch schwere Krankheiten abwehren. Gefühle nehmen für sich das Faustrecht in Anspruch: Sie verstärken sich so lange, bis sie einen körperlichen Ausdruck finden.

Alles, was ein Mensch ablehnt, was er nicht wahrhaben und nicht leben will, ist ein nicht gelebter Gegenpol zu seinem eigenen Verhalten. Es ist der Schattenanteil einer Einheit, die er aus seinem Bewußtsein hinausgeschoben hat. Und sobald der richtige Auslöser da ist, wird sich der Schattenanteil auf der Körperebene bemerkbar machen. Der Mensch wird krank. Natürlich geht er zu einem Arzt, der dann eine vernünftig klingende Diagnose stellt: Das Herz, die Leber, die Lunge ist krank. Und er verschreibt Tabletten oder was sonst noch aus der Sichtweise der modernen Medizin gegen diese Krankheit hilft.

Nun stellen Sie sich folgende Situation vor: An Ihrem Kühlschrank leuchtet eine rote Warnlampe auf, was natürlich darauf hindeutet, daß irgend etwas am Kühlschrank nicht mehr funktionstüchtig ist. Der Reparaturdienst kommt und dreht das Lämpchen heraus. Es leuchtet nicht mehr, also wird der Kühlschrank wieder in Ordnung sein. Zufrieden mit seiner Arbeit präsentiert der Mann vom Reparaturdienst Ihnen die Rechnung. Würden Sie die bezahlen? Wohl kaum. Denn der gute Mann hat ja nur das Symptom beseitigt, nicht aber den Kühlschrank repariert. Doch mit dem gleichen Vorgehen geben wir uns zufrieden, wenn wir krank sind: Wir lassen das rote Warnlämpchen, das Symptom, beseitigen. Die Krankheit aber ist geblieben. Ärzte und Medikamente können uns in einem akuten Krankheitsfall zwar helfen und wieder Kraft geben. Aber dann sind wir aufgefordert, nachzuschauen, was in unserem Leben nicht stimmt. Denn eine kranke Leber, ein krankes Herz oder ständig wiederkehrende Kopfschmerzen sind nur die Symptome, nicht die eigentliche Krankheit.

Ein Organ kann nicht krank sein, krank sein kann nur der Mensch, als ein seelisches, bewußtes Wesen. Im Organ drückt sich aus, daß der Mensch nicht mehr in Ordnung ist, seinen Weg verloren hat. Symptome haben Signalcharakter und Hinweisfunktionen. Eben wie das rote Warnlicht am Kühlschrank. Ein Symptom kann nur der Ausdruck eines psychischen Problems sein. Aber wir geben uns damit zufrieden, daß das Symptom verschwindet. Wir bekämpfen es auf körperlicher Ebene, wie wir vorher die Schattenanteile auf der psychischen Ebene bekämpft haben, die sich jetzt über dieses Symptom ausdrücken.

Krankheiten sind Höflichkeitsbesuche des Todes. Eigentlich sollten wir unsere Symptome lieben, denn sie zeigen uns den Weg zum Heilsein. Heilsein bedeutet mehr, als nur gesund zu sein. Heil bedeutet auch ganz und vollständig. Heilsein heißt, eine unversehrte Ganzheit in sich zu haben: Beide Pole sind zusammengekommen und bilden eine Einheit.

Aber: Gegenpole beängstigen, denn sie beschränken die Gültigkeit des Pols, mit dem wir uns bisher identifiziert haben. Wir wehren alles ab, was unsere Identifikation in Frage stellt, unsere Ansichten relativiert und nicht in unser Konzept paßt, wir lassen es im Schatten. Und wir glauben, aus dem Gleichgewicht zu kommen, wenn sich irgend etwas im Schattenbereich regt.

Kranksein als Botschafter der Seele

Kranksein ist also mehr als eine Störung im Leben des Menschen. Kranksein hat einen Sinn und direkt etwas mit dem Menschen und seinem Weg zu tun. Um den Sinn einer Krankheit zu erkennen, sollten wir nach ihrer Bedeutung fragen. Und das möchte ich Ihnen an einem Beispiel erklären: Ein Student der Kunstgeschichte möchte mehr über die Bedeutung eines Gemäldes von Rembrandt erfahren. Und so analysiert er die Leinwand, die Farben, die Art und Beschaffenheit des Rahmenholzes, die feinen Risse, die sich durchs Gemälde ziehen usw. Er arbeitet sehr exakt und kann anschließend eine hieb- und stichfeste Analyse vorweisen.

Aber ist er damit der Bedeutung des Gemäldes nähergekommen? Nein, er hat nur die Form untersucht, er ist der Bedeutung damit keinen Schritt nähergekommen. Denn die Aussage des Malers, den Inhalt des Bildes, die Bedeutung hat er durch die Analyse nicht verstanden.

Es ist der Geist, der sich den Körper baut.
FRIEDRICH VON SCHILLER

Das wird Ihnen wahrscheinlich klar sein. Aber eigenartigerweise achten wir bei den Krankheiten auf die Form und nicht auf den Inhalt. Die Form, das Symptom, wird bekämpft, es steht im Vordergrund. Und wenn es gelungen ist, das Symptom und sein Auftreten zu verhindern, gilt der Mensch als geheilt. Dabei hat die Krankheit, die uns eigentlich auf etwas aufmerksam machen will, ihre Bedeutung verloren. Aber unser Körper ist ein gewissenhafter Botschafter der Seele, und ein neues Symptom wird immer wieder zum Ausdruck bringen, was uns eigentlich fehlt.

Wenn Sie einen Arzt aufsuchen, weil es Ihnen nicht gut geht, stellt er Ihnen wahrscheinlich zuerst die höfliche Frage: »Wie geht es Ihnen?« Natürlich geht es Ihnen nicht gut, denn sonst wären Sie wohl kaum dort. Dann folgt meist die Frage: »Was haben Sie denn?« Die können Sie natürlich sofort beantworten: »Ich habe Bauchschmerzen, Kopfschmerzen, Schlafstörungen.« Es soll aber noch Ärzte geben, die tatsächlich fragen: »Was fehlt Ihnen?« Die Frage ist genau die richtige, doch Sie können darauf nur antworten: »Ach, ich weiß nicht, meine Nieren tun immer weh.« Natürlich wissen Sie nicht, was Ihnen fehlt. Sie können nicht wissen, was Ihnen fehlt, weil es nicht in Ihrem Bewußtsein ist. Aber Sie können das Symptom ernstnehmen, und zwar so ernst, daß Sie sich stören lassen, in Ihrem täglichen Leben innehalten und sich mit dem Symptom auseinandersetzen: Was will es mir denn sagen, was ist nicht in Ordnung in mir? Welches Problem habe ich übersehen und welchen Konflikt nicht gelöst? Erkennen Sie in dem Symptom einen guten Freund, der Ihnen hilft, den Lebensweg zu korrigieren.

So, nun haben wir der Natur erst einmal tief genug in die Schachtel geschaut. Denn vielleicht möchten Sie nicht unbedingt darauf warten, daß ein Symptom Sie auf einen Schattenanteil aufmerksam macht. Das brauchen Sie auch nicht, denn es gibt genügend Menschen, die Ihnen sehr gut aufzeigen können, was Ihnen fehlt.

Nicht der äußere Mensch, sondern der innere hat Spiegel nötig. Man kann sich nicht anders sehen als im Auge eines fremden Sehers.
JEAN PAUL

Dazu gibt es eine schöne Parallele: Sie schauen morgens in den Spiegel und stellen fest, daß Sie dieses brummige Gesicht, das Ihnen da entgegenblickt, nicht mögen. Nun können Sie natürlich ebenso brummig zurückblicken. Doch die Folge wird sein, daß Ihr Gegenüber noch brummiger wird. Das Ganze können Sie so weit steigern, bis Sie ungeheuer wütend werden und in den Spiegel schlagen –, was Sie natürlich nicht tun werden. Denn Sie wissen, daß der Spiegel nur das Abbild Ihres eigenen Gesichts zeigt. Haben Sie jemals in den Spiegel geschaut, um Ihre Handinnenfläche zu betrachten?

Sehr wahrscheinlich nicht. Sie werden nur in den Spiegel schauen, wenn Sie etwas von sich selbst sehen wollen, was Sie so nicht sehen können. Sie sind ja kein Kanarienvogel im Käfig, der mit seinem Schnabel gegen einen kleinen Spiegel hackt, weil er glaubt, daß hinter dem Spiegel ein anderer Vogel sei.

Aber wie sieht es auf der psychischen Ebene aus? Wer bietet Ihnen hier den Spiegel und reflektiert all die Dinge, die Sie in Ihrem Leben ablehnen? Wer zeigt Ihnen, was Sie an sich selbst nicht sehen können? Nun, das können all die Menschen sein, mit denen Sie tagtäglich umgehen. Diese Menschen zeigen Ihnen die Polaritäten, die Sie für sich ablehnen. Und das kann Sie in Sekundenbruchteilen auf 100 bringen. Sie wissen doch sicher auch ganz genau, was Sie tun können, um Ihren Partner auf 100 zu bringen. Meist sind es nur wenige Worte, oder es reicht eine kleine Geste.

Wenn Sie ein kooperativer Mensch sind, lehnen Sie wahrscheinlich den autoritären Bereich ab. Und der wird Ihnen gezeigt, indem Sie sich aufregen, negativ sind und sich verletzt fühlen, sobald Sie mit ihm konfrontiert werden. Natürlich können Sie sich entscheiden, wie Sie damit umgehen möchten. Sie können entweder mit dem Finger auf den anderen zeigen und ihn verantwortlich machen für Ihre Gefühle. Sie können sich aber auch erwachsen verhalten und überlegen, wie es kommt, daß ein anderer Sie aufregen kann. Welchen Bereich berührt er, was lehnen Sie ab?

Der andere Mensch, mein Spiegel

Denken Sie an Mitmenschen, über die Sie sich aufregen, ärgern, denen Sie möglichst aus dem Weg gehen. All diejenigen, deren Verhalten Sie ablehnen, konfrontieren Sie mit den Polen, die Sie ablehnen, nicht leben, aber trotzdem in sich tragen. Diese Menschen sind Ihre Spiegelbilder.

Der Mensch ist ein Spiegel des Menschen.
AUS DER TÜRKEI

Negative Gefühle sind ein Warnsignal für ein Leben außerhalb der Polaritäten. Jede Konfrontation mit dem, was Sie ablehnen, führt Sie zu unangenehmen Gefühlen, Ärger, Verletzungen und in die Krankheit. Die Lösung ist eigentlich sehr simpel. Integrieren Sie diesen Teil, den Sie ablehnen, und akzeptieren Sie, daß Sie die gleichen Eigenschaften haben wie die Menschen, deren Verhalten Sie ablehnen. Gewiß, Sie haben sich dafür entschieden, ein anderes Modell zu leben, weil Sie es für besser halten.

Dennoch: Sehen Sie in anderen Menschen Ihre Berater, die Sie gar nicht hoch genug bezahlen können. Wenn Sie das erkennen und in Ihr Bewußtsein einbeziehen, wird das von Ihnen abgelehnte Verhalten Sie nicht mehr aufregen, wenn es von anderen gelebt wird. Machen Sie also Ihrem »Spiegel« keine Vorwürfe:

Ein tüchtiger Feind bringt uns weiter voran als ein Dutzend untüchtiger Freunde.

Es gibt einen recht einfachen Weg, diese Pole zu erkennen und damit umgehen zu lernen. Ein wenig Arbeit ist zwar damit verbunden, aber es wird sich lohnen. Zuerst machen Sie eine Liste von all den Verhaltensweisen anderer Menschen, die Sie rundherum ablehnen, über die Sie sich aufregen, die Sie in Wut versetzen:

- ______________________________
- ______________________________
- ______________________________
- ______________________________
- ______________________________
- ______________________________
- ______________________________
- ______________________________
- ______________________________

Als nächstes versuchen Sie, in den ungeliebten Verhaltensweisen eine Struktur zu erkennen, die Sie auf die Pole hinweist, die Sie ablehnen. Wenn Sie unterschiedliche Pole finden, arbeiten Sie zuerst mit dem, der Sie am häufigsten ärgert. Damit haben Sie den ersten Schritt getan. Nach einer Woche ziehen Sie ein Resümee und überdenken, worüber Sie sich während dieser Zeit aufgeregt haben. Sie erkennen wieder Ihre Struktur.

In der folgenden Woche überlegen Sie jeden Abend, welche unangenehmen Situationen es tagsüber gab. Welche Bemerkung war es denn, die Sie während des Meetings so aufgeregt hat? Und Sie haben sich schon wieder geärgert, weil der Kollege strahlend zur Arbeit kam, und das, obwohl er eine halbe Stunde zu spät war.

Wir lernten leichter, durchs Leben zu wandeln, lernten wir nur, uns selbst zu behandeln.
FRIEDRICH THEODOR VISCHER

Dann verkürzen Sie das Zeitintervall. Sie kommen aus dem Meeting heraus, sind total nervös und aufgebracht. Und Sie wissen genau, mit welchem Verhalten jemand auf den berühmten Tilt-Knopf gedrückt hat. In der Sekunde, in der Sie daran denken, dissoziieren Sie sich, nehmen Abstand, und der Ärger verfliegt. Und dann kommt der Zeitpunkt, daß Ihnen schon während der Situation auffällt, worüber Sie sich ärgern: Aha, genau das ist der Punkt, über den ich mich immer aufrege. Wenn Sie jetzt noch einen Schritt weitergehen, wird kein Verhalten eines anderen Menschen Sie verletzen oder verärgern. Sie akzeptieren es. Und damit akzeptieren Sie auch, daß genau dieses Verhalten auch Ihnen möglich ist, daß Sie es in sich tragen. Sie haben durch die Hilfe anderer Menschen einen Schatten ans Licht geholt.

Diese Art der Selbstverantwortung zu übernehmen, gehört wahrscheinlich zu den schwierigsten Aufgaben eines Menschen. Denn wer erkennt, daß es außer ihm keinen Schuldigen für sein Kranksein gibt, sondern daß er Opfer und Täter in einer Person ist, verliert die Möglichkeit der Projektion: Es ist nicht der autoritäre Vorgesetzte, nicht die streitsüchtige Kollegin, nicht der unzufriedene Ehemann. Kranksein als Entschuldigung, Kranksein als einziger Ausweg aus einer scheinbar ausweglosen Situation, Kranksein als Bitte um Aufmerksamkeit – das funktioniert nicht mehr. Überlegen Sie gut, ob Sie diese Verantwortung übernehmen wollen, denn in unserer Gesellschaft hat das Kranksein eine gute Alibifunktion. Aber wenn Sie sich für die Selbstverantwortung entscheiden, kommt viel Arbeit auf Sie zu. Denn so leicht ist es nicht, den Schatten zu akzeptieren. Sie brauchen viel Ehrlichkeit, um zu erkennen, was Ihnen fehlt. Vielleicht ist folgender Satz eine Hilfe, mit Sicherheit ist er eine Überlegung wert: Wenn eine Deutung zutrifft, macht sie betroffen. Sollte Ihnen demnächst jemand sagen: »Warum reagierst du jetzt so aggressiv?«, dann wehren Sie nicht ab mit den Worten: »Ich bin doch gar nicht aggressiv. Ich sage nur meine Meinung.« Denn vielleicht führt die Aggression ein Schattendasein in Ihrer Psyche. Wenn Sie begreifen, daß der Auslöser für das Kranksein in Ihnen liegt, läßt sich so manches Problem lösen. Sie werden unabhängig von dem, was außen geschieht. Nichts wird Ihre Power beeinträchtigen.

Holen Sie die Schatten ans Licht

1. Wann waren Sie zuletzt krank? Es braucht nicht unbedingt ein Magengeschwür gewesen zu sein, selbst ein Schnupfen ist ein Warnsignal des Körpers. Gab es im beruflichen, privaten und persönlichen Bereich ein Ereignis, das kurz vor Ihrer Erkrankung stattfand oder dem Sie sich durch die Krankheit entziehen konnten?
2. Schreiben Sie auf, welche Menschen, Umstände oder Konsequenzen mit dieser Situation verbunden waren.
3. Nun arbeiten Sie heraus, welcher Ihrer Schattenbereiche berührt wurde. Vielleicht erkennen Sie schon auf Anhieb, wovon Sie die Nase voll hatten, was Ihnen auf den Magen schlug, an die Nieren ging, die Galle überfließen ließ.

Es ist nicht möglich, nicht zu kommunizieren.
PAUL WATZLAWICK

12 Wellenlänge, der Quantensprung

Handeln braucht Kommunikation

Ein besonderer Aspekt im Hinblick auf Handeln ist der Kontakt zu anderen Menschen. Was auch immer Ihr Handeln beinhaltet, Sie werden mit anderen Menschen zu tun haben. Handeln heißt nicht, auf Biegen oder Brechen den eigenen Weg zu verfolgen, sondern in Übereinstimmung mit den Menschen zu agieren, die Ihr Handeln fördern und unterstützen. Je besser der Kontakt, je übereinstimmender die Wellenlänge mit ihnen ist, um so erfolgreicher wird Ihr Handeln sein.

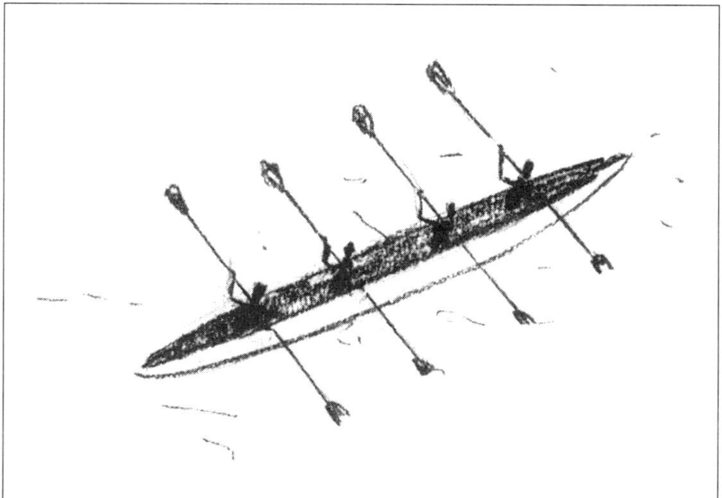

Wellenlänge oder Kontakt heißt, in den Schuhen des anderen zu gehen. Sobald man bei einem anderen Menschen Elemente bemerkt, die einem vertraut sind, ist man bereit, seine Welt zu betreten. Man kann sich wohl fühlen, denn die theoretische Vermutung einer potentiellen Bedrohung, bedingt durch das völlig Unbekannte, fehlt. Ähnlichkeiten im Aussehen, im Verhalten und im Ausdruck beseitigen Barrieren und produzieren eine gemeinsame Wellenlänge. Je mehr Sie mit einem anderen übereinstimmen, um so anziehender wird er Sie empfinden.

Smoking contra Karnevalsmütze

Möglicherweise kennen Sie das Gefühl, das sich einstellt, wenn Sie irgendwo mit unpassender Kleidung erscheinen. Da gibt es doch diesen einschlägigen Witz von der Karnevalsveranstaltung, zu der alle wichtigen und unwichtigen Leute geladen werden. Allerdings in Smoking, denn die Gesellschaft wollte es genießen, den Karneval etwas vornehmer zu feiern. Und Sie kommen herein, verkleidet als Till Eulenspiegel. Extrem? Wie oft erlebe ich, daß in Seminaren manche Teilnehmer im Anzug erscheinen, obwohl die sogenannte Wohlfühlkleidung erwünscht ist. In der nächsten Pause ziehen sie sich um. Sie tun intuitiv das Richtige.

Unser Inneres soll von der großen Menge verschieden sein. Unser Äußeres passe sich ihr an.
SENECA

Schon die Kleidung kann ausschlaggebend dafür sein, ob Menschen miteinander in Kontakt kommen oder ob sie sich von vornherein ablehnend gegenübertreten. Sie führen ein Gespräch auf Vorstandsebene. Ihre Kleidung: weißes Hemd, Krawatte, dunkelblauer Anzug, schwarze Schuhe, weißes Einstecktuch. Für den Anlaß passend. Im Verlauf des Gesprächs ergibt sich für Sie die Notwendigkeit, in eine der Fabrikhallen vor Ort zu gehen, um den Cheftechniker für eine geplante Neuregelung zu gewinnen.

Sie gehen also in die Fabrik zu dem Techniker, und der steht nun vor Ihnen in einem grauen Kittel mit ölverschmierten Händen und blickt Sie erwartungsvoll an. Kein gutes Fundament für Wellenlänge und Kontakt, denn Ihre korrekte Kleidung steht in einem krassen Gegensatz zu seiner Arbeitskleidung.

Aber was können Sie in einer solchen Situation tun, um eine richtige Wellenlänge herzustellen? Eigentlich sehr simpel. Sollten Sie im Wagen eine sportliche Jacke haben, so tauschen Sie diese gegen das Jackett, bevor Sie die Fabrik betreten. Haben Sie gar die Möglichkeit, den grauen Kittel überzuziehen, der in dem Betrieb vielleicht üblich ist, um so besser. Ist Ihnen das aber alles verwehrt, dann tun Sie etwas ganz Einfaches: Langen Sie mit Ihren Händen an irgendeinen ölverschmierten Gegenstand. Der Techniker wird Sie als jemanden wahrnehmen, der in seine Welt paßt. Denn wenn Sie kein Problem damit haben, sich die Finger schmutzig zu machen, werden Sie wohl nicht zu »denen da oben« gehören. Das Eis ist gebrochen, und er wird Sie akzeptieren.

Leider ist die Kleidung allein kein Garant für Wellenlänge und Kontakt. Denn sonst herrschte wohl auf all den Meetings der Herren in Grau oder Blau die schönste Übereinstimmung.

Körpersprache

Ich erinnere mich an ein Gespräch, bei dem ein potentieller Klient aus welchen Gründen auch immer sich mir gegenüber zunächst sehr ablehnend verhielt. Er saß in einer ziemlich distanzierten Haltung hinter seinem Schreibtisch und schaute nicht gerade freundlich zu mir herüber. Obwohl ich viel lieber dem ersten Impuls nachgegeben hätte, auf ihn zuzugehen und ihn mit beeindruckenden Worten von meiner Sache zu überzeugen, entschied ich mich dafür, es ihm gleichzutun. Ich schaute etwas kritisch zu ihm hinüber und lehnte mich ebenfalls abweisend zurück. Ich spiegelte ihn in Körperhaltung und Körperausdruck.

Anscheinend hatte ich damit seine Welt betreten, denn nach kurzer Zeit neigte er sich ein wenig nach vorne, wurde freundlich und aufgeschlossen. Wieder tat ich es ihm gleich. Und durch die Ähnlichkeit der Verhaltensweisen, durch die Gleichheit von Wort und Gestik entstand ein Gleichklang.

Versetzen Sie sich einmal in die Lage, von einem Polizisten angehalten zu werden, weil Sie an einer Ampel angeblich bei Rot weitergefahren sind. Der Polizist tritt an die Wagentür und spricht mit Ihnen von oben nach unten. Steigen Sie jedoch aus Ihrem Wagen aus, befinden Sie sich mit ihm auf gleicher Ebene. So ist die Chance bei weitem größer, den Hüter des Gesetzes davon zu überzeugen, daß die Ampel noch Gelb zeigte, als wenn Sie säßen und mit dem stehenden Polizisten diskutierten. Das gleiche tun Sie automatisch, wenn Sie mit einem Kind spielen: Sie gehen in die Hocke. Auf dieser Ebene können Sie seine Welt betreten. Sobald Sie sich der Welt des anderen so weit anpassen, daß eine Übereinstimmung erzielt wird, funktioniert die Kommunikation. Der Körper ist einen Schritt schneller als das Wort.

Gönnen Sie sich das Vergnügen, und setzen Sie sich an einem Samstagnachmittag mal in ein gut besuchtes Café. Setzen Sie sich so, daß Sie den Raum überblicken können. Und dann beobachten Sie die Menschen, die dort zusammensitzen, sich unterhalten, Kaffee trinken und Kuchen essen. Sicher wird es Ihnen gelingen, das eine oder andere Liebespaar auszumachen. Sie werden etwas Erstaunliches feststellen: Die beiden Partner sitzen in der Regel spiegelgleich. Hat er das Gesicht in der Hand, hat sie es auch. Ist er nach vorne gebeugt, ist sie es auch. Sie werden Kongruenz in der Körperhaltung feststellen. Wie anders sieht es aus, wenn zwei Menschen gerade ein Konfliktgespräch führen oder sich generell nicht verstehen. Auch das können Sie feststellen, ohne etwas aus dem Gesprächsinhalt mitzubekommen.

Sie wissen wahrscheinlich, daß eine bestimmte Haltung des Körpers mit einer entsprechenden Stimmung einhergeht. Nehmen Sie einmal die gleiche Haltung ein wie der Mensch, mit dem

Sie gerade zusammen sind. Überraschenderweise werden Sie ähnliche Gefühle und Stimmungen wahrnehmen. Sie haben seine augenblickliche Welt betreten. Das Geheimnis ist also ganz einfach: Spiegeln Sie das körperliche Verhalten des anderen. Damit tun Sie einen wichtigen Schritt zu übereinstimmender Wellenlänge.

Eine Sprache

Laß die Sprache dir sein, was der Körper den Liebenden: Er nur ist's, der die Wesen trennt und der die Wesen vereint.
FRIEDRICH VON SCHILLER

Jede Firma hat eine bestimmte innerbetriebliche Kultur, die sie auch durch entsprechende Worte ausdrückt. Berühmt und berüchtigt sind die amerikanischen Firmen in Deutschland, die jede Menge englischer Begriffe in den deutschen Sprachgebrauch einbinden. Wenn Sie also mit diesen Firmen zusammenarbeiten, tun Sie gut daran, dieses Vokabular zu übernehmen. Man wird Sie eher als dazugehörig empfinden, und Ihre Chance für Wellenlänge und Kontakt wächst. Die Sprache ist ein gigantisches Lexikon. Selbst wenn der Jargon übereinstimmt, gibt es Sprachunterschiede, die es Menschen schwermachen, miteinander in Kontakt zu kommen.

Fragen Sie doch einmal ein paar Menschen, warum sie sich ausgerechnet für das Auto entschieden haben, das sie fahren. Der erste sagt vielleicht: »Nun, es war preiswert, verbraucht wenig Benzin, und die Reparaturkosten sind gering.« Damit kann der zweite womöglich nichts anfangen, denn er argumentiert eher so: »Es ist technisch hervorragend verarbeitet, robust, wenig wartungsanfällig und bietet einen hohen Komfort.« Ein dritter erklärt Ihnen: »Ach, wissen Sie, ich brauche das Auto ja nur, um mal kurz durch die Stadt zu fahren. Und zur Arbeit habe ich es auch nicht weit, da fahre ich lieber mit der U-Bahn. Also, so ein kleines Auto reicht mir. Und einen Parkplatz finde ich auch immer.« Merken Sie die Unterschiede? Die drei werden mit ihrer Ausdrucksweise schwerlich eine Wellenlänge finden.

Auch bei einem schriftlichen Umgang mit anderen Menschen werden Sie schneller in Kontakt miteinander kommen, wenn Sie sich den Formulierungen des Empfängers anpassen. Er wird sich sofort in Ihrem Briefstil heimisch fühlen. Wieder ein Beweis für Wellenlänge – und vielleicht ein Tip für Rechtsanwälte und Behörden. Aber die wollen womöglich absichtlich Distanz schaffen.

Nun erschiene es logisch, wenn Menschen, deren äußeres Erscheinungsbild, deren Sprache und Körpersprache übereinstimmen, unweigerlich zu einem guten Kontakt zueinander fänden. Doch leider funktioniert auch das nicht immer. Denn möglicherweise boykottiert die unterschiedliche Ausprägung der Wahrnehmungssysteme jegliches Zustandekommen von Wellenlänge.

Auf daß Hören und Sehen vergeht

Drei Freunde verbringen den Urlaub gemeinsam auf Mauritius. Nach der Rückkehr beschreiben sie ihren Arbeitskollegen die Schönheiten der Insel. Lesen Sie die Beschreibungen der drei, und prüfen Sie, ob Ihnen etwas auffällt.

Der erste schwärmt:
Wenn ich über meinen Urlaub auf Mauritius nachdenke, kann ich mir jetzt noch die wunderschöne Natur genau vorstellen. Die Insel hat bei mir faszinierende Eindrücke hinterlassen. Das herrlich blaue Meer habe ich noch ganz klar vor Augen. Ich sah farbenprächtige Fische und leuchtend rote Korallen. Auf dem Meeresgrund konnte ich exotische Schnecken mit ihren buntgescheckten Häusern beobachten. Und stellt euch diesen wunderbaren weißen Sandstrand vor!

Der zweite schildert begeistert:
Was war das für ein Urlaub auf Mauritius! Ich höre noch den farbigen Ananas-Verkäufer laut rufen: »Ananas gut!« Es gibt nichts Schöneres, als im Sand zu liegen und das leise Rauschen der Meereswellen zu hören. Und es ist wirklich ein Ohrenschmaus, wenn Tausende von buntgefiederten Vögeln um die Wette singen.

Der dritte erzählt beeindruckt:
Mauritius – es ist phantastisch. Selten habe ich ein Erlebnis so tief in mir gespürt, selten habe ich die Herzlichkeit von Menschen so wie in diesem Land wahrgenommen. Gibt es etwas Schöneres, als im warmen Sand zu liegen und die Sonne zu spüren?

Alle drei Geschichten beschreiben ein und denselben Urlaub, doch haben wir es mit drei Menschen zu tun, die in unterschiedlichen Wahrnehmungssystemen ihre Stärke haben. Der eine Mensch stellt sich all das, was in seinem Leben passiert, visuell vor. Die Konsequenz ist, daß er in seinen Beschreibungen Wörter aus dem Bereich des Sehens benutzt:

- Ich sehe deutlich, was du meinst.
- Sieh dir die Sache doch mal genau an.
- Das ist undurchschaubar.
- Da habe ich wohl schlechte Aussichten.
- Ich sehe den Wald vor lauter Bäumen nicht mehr.
- Sein Verhalten paßt genau ins Bild.

Haben wir es mit jemandem zu tun, der stärker akustisch orientiert ist, also auditiv, sind es wieder die entsprechenden Worte, die seine Erlebnisse beschreiben:

- Das hört sich ja gut an!
- Ich betone noch einmal, daß das keine Resonanz finden wird.

- Das klingt überzeugend.
- Ich höre da einen Unterton.
- Das Verhalten schreit zum Himmel.
- Das spricht mich total an.

Oder ist es ein Gefühlsmensch, jemand, der kinästhetisch wahrnimmt? Seine bevorzugten Wörter sind diese:

- Ich habe das Gefühl zu wissen, was du meinst.
- Hast du begriffen, daß das eine unerträgliche Situation ist?
- Mit der Meinung stehst du auf unsicherem Boden.
- Ich kann dir nicht ganz folgen.
- An dieser Sachlage gibt es nichts zu rütteln.
- Das haut mich absolut um.

Bis Sie gut geschult sind, um mitzubekommen, auf welchem Sinneskanal ein Mensch funkt, sollten Sie sich in Gesprächen aller drei Kanäle bedienen. Wenn Sie nichts aufschreiben können, machen Sie mit Ihrer Gestik den Gesprächsinhalt visuell deutlich. Je stärker Sie in der Lage sind, in der Kommunikation mit anderen Menschen einfache Inhalte in Geschichten zu kleiden, desto eher kann der andere dies auch nachvollziehen. Achten Sie darauf, daß auch der Gefühlsmensch sich in Ihrer Geschichte mit den für ihn wichtigen Worten, Darstellungen und Erklärungen wiederfindet. Je stärker Sie das wichtigste Wahrnehmungssystem eines Menschen ansprechen, um so schneller werden Sie Kontakt zu ihm bekommen.

Daß alles in der Praxis möglicherweise viel verwickelter ist, dürfte klar sein. Denn natürlich kommen dort keine festgelegten Typen vor. Trotzdem können Sie selbst in einer zwanglosen Unterhaltung erkennen, auf welchem Kanal ein Mensch besonders empfänglich ist. Ihr Handeln wird effektiver sein, wenn Sie Ihrem Gesprächspartner auf dem Sinneskanal entgegenkommen, auf dem er zu Hause ist.

Lachen und Weinen

Ein weiteres Kriterium für Wellenlänge ist, sich auf die Gefühlswelt des anderen einzuschwingen. Wenn jemand wütend ist, und Sie kommen justament mit diesem Menschen zusammen, reagieren Sie folgendermaßen: Entweder Sie beschränken sich total aufs Zuhören, oder Sie schimpfen mit, zumindest eine Zeitlang. Dadurch fühlt der andere sich in seinem Empfinden wahrgenommen, er identifiziert Sie als Gleichgesinnten. Sie sind auf gleicher Wellenlänge, und schon ist die Voraussetzung für einen exzellenten Kontakt geschaffen. Gefühle verlangen nur Akzeptanz, nur Wahrnehmung.

Der beste Weg, andere an uns zu interessieren, ist der, an ihnen interessiert zu sein.
EMIL OESCH

Was tun Sie, wenn Ihnen ein Mensch vollkommen aufgelöst gegenübersitzt? Sicherlich werden Sie nicht mit barbarischer Borniertheit sagen: »Stell dich nicht an. Das Leben geht weiter, also reiß dich zusammen.« Nein, instinktiv tun Sie das Richtige. Sie hören ihm erst einmal zu, stellen vielleicht ein paar Zwischenfragen, lassen ihn aber in seinem Erleben. Sie akzeptieren zunächst einmal die Stimmung des anderen.

Ihr Gefühl sagt Ihnen schon, wann der geeignete Zeitpunkt ist, um das Gespräch in eine andere Richtung zu lenken. Folgen Sie in Zukunft einfach Ihrem Herzen, und stimmen Sie sich erst auf die Gefühlslage des anderen ein. Mag Ihr Anliegen noch so eilig sein, lassen Sie sich diese Zeit. Ist er gereizt und aufgebracht, traurig oder grüblerisch, dann versuchen Sie, in dieser Stimmung mitzuschwingen. Wenn er spürt, daß Sie ihn in seiner Gefühlswelt wahrnehmen, daß Sie Anteil nehmen, dann schaffen Sie eine Voraussetzung für die richtige Wellenlänge und für erfolgreiches Handeln.

Manipulation oder Übereinstimmung?

Das Hauptziel der gleichen Wellenlänge besteht darin, die gerade ablaufende Erfahrung des anderen so zu imitieren, daß die Trennung zwischen Ihnen beiden verschwimmt, natürlich auf einer unbewußten Ebene.

Der eine oder andere wird in diesem Moment sagen: Halt! Wenn ich mich sichtbar bemühe, in Gleichklang mit einem anderen Menschen zu kommen, verletze ich da nicht meine und seine Persönlichkeit? Manipuliere ich nicht meine normalen Verhaltensweisen und die meines Gesprächspartners, nur um ein gutes Gespräch zu führen?

Das Geheimnis, mit allen Menschen in Frieden zu leben, besteht in der Kunst, jeden seiner Individualität nach zu verstehen.
FRIEDRICH LUDWIG JAHN

Denken Sie nach: Wann immer Sie mit einem Menschen zusammen sind, ist jede Ihrer Verhaltensweisen Manipulation. Es ist einfach nicht möglich, nicht zu manipulieren. Sie manipulieren immer. Was Sie auch sagen oder tun, es ist immer eine Beeinflussung. Wenn Sie also ohnehin immer beeinflussen, so dürfte die Entscheidung, dies zum Vorteil aller Beteiligten zu tun, doch sehr sinnvoll sein. Zumal es nicht auf Kosten bestimmter, sondern zum Wohle aller Beteiligten geschieht. Ihre Aufgabe ist letztendlich nur, mit dem anderen eine Beziehung aufzubauen, die ein gemeinsames Gespräch, eine gute Kommunikation trägt.

Natürlich sollte Ihr Verhalten nicht übertrieben sein. Wenn Ihr Gegenüber gerade heftig seine Nase bearbeitet, reicht es, wenn Sie einen Finger an die Nase legen oder nur den Kopf aufstützen. Natürlich sollten Sie auch nicht dem Chef nacheifern, wenn er die Füße auf den Tisch legt. Allerdings sollten Sie sich ebenfalls entspannt hinsetzen. Das ist mit Spiegeln gemeint. Also bitte nicht

1:1. Wenn Sie trotzdem einmal Lust haben, hundertprozentig zu imitieren, tun Sie es nur mit einer kurzen Zeitverzögerung. Es könnte sein, daß Ihr Gegenüber sich sonst veralbert fühlt. Achten Sie besonders darauf, niemals Eigenschaften oder Verhaltensweisen eines Menschen zu spiegeln, die ihm selbst unangenehm sind. Denn wie sehr können Sie jemanden verletzen, wenn Sie seine unangenehm krächzende Stimme oder das Zucken des Mundwinkels spiegeln! Spiegeln erfordert Fingerspitzengefühl. Wenn Sie das Spiegeln beherrschen und behutsam anwenden, werden Sie erleben, daß der andere es gar nicht bemerkt. Dennoch wird unweigerlich ein positiver Kontakt entstehen.

Was also liegt näher, als anderen mit bewußtem Spiegeln näherzukommen? Zudem hat das auch eine intensive Wirkung auf Sie selber. Indem Sie sich in die Position eines anderen versetzen, in seinen Körper und seine Gedanken hineinschlüpfen, erfahren Sie, wie der andere denkt. Erfolgreiches Spiegeln gibt Ihnen die Fähigkeit, sich in die anderen Menschen einzufühlen, sie zu verstehen und zu respektieren.

Grünes Licht für gelungene Kommunikation!

1. Denken Sie an einen Menschen, der für Sie zwar wichtig ist, mit dem Sie aber so wenig übereinstimmen, daß keine Wellenlänge entstehen kann. Arbeiten Sie die Unterschiede heraus: Ist es die Körpersprache, der verbale Ausdruck, der Stimmklang oder liegt es ganz einfach an der unterschiedlichen Kleidung?
2. Nehmen Sie sich zu Hause die Zeit, und versuchen Sie, durch Spiegeln seines Verhaltens und seines Ausdrucks die Welt dieses Menschen zu betreten und zu verstehen.
3. Bei einem nächsten Zusammentreffen mit ihm fühlen Sie sich in seine augenblickliche Welt ein, und beginnen Sie, ihn vorsichtig zu spiegeln.

Faulheit und Tatkraft sind uns allen von Geburt an mitgegeben. Wir haben die Wahl, welche dieser beiden Eigenschaften wir in unserem Leben pflegen wollen.
TARTHANG TULKU

13 Anstrengung, Fleiß, Disziplin

Handeln vollbringt Wunder

Die Wünsche der Menschen sind vielfältiger Art. Der eine wünscht sich Gesundheit und den idealen Lebenspartner, ein anderer eine Yacht und ein repräsentatives Haus, der dritte strebt eine Top-Karriere an, und manch einer wünscht sich zwei Millionen in bar. Alles durchaus realisierbare Wünsche oder Visionen. Die Frage ist nur, ob die Menschen bereit sind, den »Käfig« der Anstrengung auf sich zu nehmen.

In meinen Seminaren führe ich gern ein spannendes Experiment durch. Ich fordere jeden auf, das zu sagen, was er in diesem Leben wirklich haben oder erreichen möchte. Dann bitte ich einen Teilnehmer, von dem ich weiß, daß er etwas Spaß vertragen kann, zu mir nach vorne zu kommen. Nehmen wir an, das sei ein junger Mann, der den Wunsch hat, innerhalb von zwei Jahren eine Million Mark auf dem Konto zu haben. Und mit absoluter Ernsthaftigkeit verspreche ich sowohl ihm als auch den anderen Teilnehmern ein Wunder! Aus dem Kassettenrecorder ertönt dramatische Musik, und ich bitte alle, die Augen zu schließen. Während ich darüber rede, daß nun jeder die Verwirklichung dieses Wunsches miterleben werde, ziehe ich ein rotes Gewand über, nehme einen Zauberstab in die Hand, und dann, wenn die Musik einen besonders ausdrucksvollen Punkt erreicht, rufe ich mit aller Kraft: »Augen auf! Das Wunder ist geschehen.« Alle Augen fliegen auf, und in der ersten Sekunde schwankt die Gruppe zwischen Empörung und Lachen. Doch bald schon dämmert es den ersten, worum es geht. Dem jungen Mann sage ich: »Mein Freund, du bist gerade auf den Arm genommen worden. Es gibt keine Wunder, jedenfalls nicht in diesem Kontext.«

Im Anschluß an diese »Zauberei« frage ich ihn, was er denn könne. Vielleicht spricht er mehrere Sprachen, hat ein hervorragendes Wissen in seinem Fachgebiet und kann gut mit Menschen umgehen. Außerdem kann er Auto fahren, telefonieren, und und und. Alles in allem, es kommt eine nette Liste von Fähigkeiten zusammen, die diesen Menschen als ziemlich qualifiziert darstellt. Dann stelle ich die nächste Frage: Kann er sich einen Menschen vorstellen oder kennt er sogar jemanden, der ein ähnliches Wissen und ähnliche Fähigkeiten hat und der genau das erreicht hat, was sich der junge Mann wünscht? Mit Sicherheit wird die Bemerkung kommen, daß er es sich absolut nicht vorstellen könne, mit diesen Fähigkeiten in zwei Jahren eine Million zu machen.

In dem Augenblick, in dem du von etwas überzeugt bist, von diesem Augenblick an wird dein Traum Wirklichkeit werden.
ROBERT P. COLLIER

Ob denn sein jetziger Verdienst ausreiche, um in zwei Jahren zu einer Million Mark zu kommen, frage ich jetzt. Sollte er daraufhin verneinend den Kopf schütteln, sage ich: »Okay, mein Freund, geh hin und kündige. Wenn du wirklich diese Million in zwei Jahren haben willst, dann handle. Sieh dir deine Möglichkeiten an. Kannst du dir vorstellen, auf der Basis deiner Fähigkeiten einen Plan zu machen, mit dem du es schaffen wirst, in zwei Jahren eine Million Mark zu verdienen?« Erst wenn er völlig überzeugt davon ist, daß es mit seinen Fähigkeiten möglich ist, kann er es schaffen. Dann kann er die Entscheidung treffen, ob er sich voll dafür einsetzen will. Er allein trägt die Verantwortung dafür, daß seine Vision Wirklichkeit wird und kein schöner Traum bleibt.

Sie haben eine Menge zu tun, wenn Sie etwas erreichen wollen. Und Sie sollten bereit sein, den Preis dafür zu zahlen. Während andere im Schwimmbad liegen, gilt es, selber aktiv zu sein. Es kommt einem im Leben nichts ins Maul geflogen. Nur die Bereitschaft, sich anzustrengen, sich zu regen und zu engagieren, führt zum Gelingen.

Eine Meinungsumfrage unter Löwen hat ergeben: Die Mehrheit der Löwen lehnt den Käfig ab, wünscht jedoch eine geregelte Verpflegung.
ERNST R. HAUSCHKA

Wer nicht anklopft, dem wird nicht aufgetan. Es kostet verdammte Anstrengung im Leben, um etwas zu bekommen. Doch auch Anstrengungen können wahnsinnigen Spaß machen. Wenn Sie bestimmte Dinge haben wollen, sollten Sie auch bestimmte Dinge dafür tun. Oder würden Sie einen Berg besteigen, ohne sich vorher gründlich darauf vorbereitet zu haben? Kürzlich fragte ich jemanden, ob er Interesse habe, die Hand Gottes zu sehen. Er lächelte mich etwas verständnislos an und sagte, natürlich möchte er das gerne, hielt es aber für einen Witz. Ich ging auf ihn zu, nahm seine Hand und sagte: »Schau sie dir an, da ist sie.« In der Sekunde verstand er die Botschaft: Wenn du eine hilfreiche Hand suchst, suche sie zuerst am Ende deines rechten Armes.

Handeln erfordert Anstrengungen

In der Sekunde, wo ich etwas tue, wo ich mich engagiere und einsetze für etwas, in der Sekunde, wo meine Hand sich bewegt, werden mich das Universum, das Umfeld und die Menschen, die um mich herum sind, entsprechend stützen können. Aber wenn ich mich nicht bewege, sitze und abwarte, wird nichts geschehen. »Käse geschenkt« gibt es nur in der Mausefalle.

Fragen Sie sich in einer ruhigen Minute einmal danach, was Sie wollen, wohin Sie wollen, ob das, was Sie gerade unternehmen, sinnvoll ist. Fragen Sie sich nach Ihren Absichten und den Mitteln zu deren Verwirklichung, nach den Forderungen, die an Sie gestellt werden können. Vielleicht hilft es Ihnen, wenn Sie sich mit einem Menschen vergleichen, der das erreicht hat, was Sie selbst erreichen möchten. Welche Fähigkeiten standen ihm zur Verfügung? Welche Voraussetzungen hatte er, und welche Schritte hat er unternommen?

Durch Anstrengung gelingen die Werke, nicht durch Wünsche. Es läuft das Wild nicht in den Rachen des schlafenden Löwen.
NARÁJANA

Wieweit sind Sie bereit, den Anforderungen nachzukommen, die an Sie gestellt werden, wenn Sie jetzt darangehen, Ihr Denken in Handeln umzusetzen? Sind Sie bereit, die Anstrengungen auf sich zu nehmen, die vor Ihnen liegen? Nichts geschieht zwangsläufig, mechanisch. Alles hängt ab von dem Grad Ihrer Anstrengung. Viele Menschen fragen sich, warum sie seit so vielen Jahren arbeiten und doch noch nichts erreicht haben. Aber: Haben diese Menschen wirklich gearbeitet? Haben sie Anstrengungen auf sich genommen, um die erwünschten Handlungen umsetzen zu können? Wenn Sie zu diesen Menschen gehören, dann berechnen Sie einmal die Tage und Stunden, die Sie wirklich an der Umsetzung Ihrer Vision gearbeitet haben. Vielleicht erkennen Sie dann, daß es keinen Grund gibt, irgendwelche Ergebnisse zu erwarten.

Sicher, manchmal tritt der Erfolg scheinbar zufällig auf. Doch nichts geschieht zufällig. Alles ist eine Folge von Ursache und Wirkung, die wir nur nicht mehr miteinander verbinden können. Was Sie als Zufall werten, ist die Folge bisher gemachter Anstrengungen. Nicht immer erscheint der Erfolg zu der Zeit, zu der Sie Anstrengungen unternehmen.

Aber die Ursache ist da und wird zu einem bestimmten Zeitpunkt eine Wirkung zeigen. Auch die scheinbar sinnlosen Arbeiten sind nicht umsonst, obwohl die Ergebnisse vorerst nur unzureichend sind. Wenn diese Arbeiten zielgerichtet auf das Handeln sind, wird sich der Erfolg einstellen. Nur dürfen wir am Anfang des Weges niemals ein sofortiges Resultat erwarten.

Handeln heißt mehr zu tun als das, was Sie können. Nur wenn Sie über Ihre Kraft hinaus arbeiten, werden Sie sich ändern. Nur wenn Sie bereit sind, das »Unmögliche« zu wagen und die erforderlichen Anstrengungen auf sich zu nehmen, wird Ihr Handeln erfolgreich sein.

Kampf den Gewohnheiten!

Alle unsere Denk- und Handlungsweisen neigen dazu, Anstrengungen um jeden Preis zu vermeiden. Wir strengen uns nicht an, weil wir die Notwendigkeit nur schwer erkennen und akzeptieren. Wir haben eindrucksvolle Pläne, große Wünsche und vielleicht sogar ein Ziel. Wir machen einen Schritt nach links und einen Schritt nach rechts, aber die Situation verändert sich nicht.

Effektive Handlungen lassen sich so nicht verwirklichen, ohne Anstrengung sind sie nicht möglich. Für ein paar Pfennige können Sie kein großes Haus kaufen. Sie haben den Preis zu zahlen, den es kostet. Wenn Sie etwas erreichen wollen, dann fragen Sie sich: Wieviel Änderung erwarte ich, und was bin ich bereit, dafür zu zahlen. Alles, was wir gewinnen können, steht in direktem Verhältnis zur Anstrengung.

Zum Erfolg gibt es keinen Lift. Man muß die Treppe benützen.
EMIL OESCH

Gewohnheiten wollen Anstrengungen vermeiden und die Dinge so leicht wie möglich machen. Es ist schwierig, den über Jahre aufgebauten Kreis der Gewohnheiten auf einmal zu zerschlagen. Bequemlichkeit und Angst vor dem Neuen hält uns zurück. Jedes Brechen mit einer Gewohnheit führt zwangsläufig zu einer Veränderung, von der Sie vorerst nicht wissen, was sie bewirkt. Trotzdem: Wollen Sie handeln, ist es unumgänglich, daß Sie Ihren Gewohnheiten den Kampf ansagen. Ohne Kampf kein Fortschritt und kein Ergebnis.

Anstrengungen stehen immer dem entgegen, was Sie gerne tun. Wir haben viele geistige und körperliche Gewohnheiten, die schwer zu überwinden sind. Manchmal können sie so mächtig sein, daß es keinen Platz für Neues zu geben scheint. Wer säße zum Beispiel bei schönem Wetter nicht gerne auf der Terrasse und ließe sich faul die Sonne aufs Gesicht scheinen? Der Brief, das Telefonat, die Auseinandersetzung mit schwierigen Themen – für all das ist doch morgen auch noch Zeit! Die Bequemlichkeit scheint ein guter Freund zu sein. Sie verspricht uns Annehmlichkeiten und Vergnügen. Aber in Wirklichkeit ist sie der große Verhinderer unserer Lebensträume. Selbst wenn Sie sich gerade dazu entschlossen haben, etwas zu tun, was Sie wieder einen Schritt weiter bringt, will sie uns glauben machen, daß wir doch später auch noch Zeit dazu hätten. Es ist eine große Anstrengung, der Bequemlichkeit zu widersprechen und gegen die alten Gewohnheiten anzukämpfen. Denn an jedem Tag und zu jeder Stunde gibt es Dinge, die unser Handeln unterstützen und uns nach vorne bringen.

Anstrengung ist der »heilige Krieg« gegen Gewohnheiten und widerstreitende Gefühle. Innere Kämpfe finden unaufhörlich statt. Sie begleiten uns durchs Leben. Wenn Sie nicht kämpfen, laufen Sie vor dem Leben davon. Sie verweigern sich dem, was Sie erreichen könnten. Handeln ist niemals das Ergebnis des Widerstreits, das wäre ein fauler Kompromiß. Handeln ist das Ergebnis des Kampfes gegen den Widerstreit.

Handeln bedeutet Reibung, ist ein Widerspruch zwischen Ja und Nein, zwischen dem Teil in uns, der handeln will, und dem Teil, der es bequem und sicher haben will. Die Reibung beginnt in dem Augenblick, in dem Sie sich entschließen, etwas zu tun, sich anzustrengen. Sobald Sie mit der Anstrengung aufhören, hört auch die Reibung auf. Aktives Handeln ist notwendig, Passivität führt zu nichts.

Disziplin und Wille

Es gibt viele Menschen, die gute Arbeit leisten könnten, aber auf ihrem Weg versagen. Sie haben zwar den Entschluß zu einer bestimmten Handlung gefaßt, aber eine rein intellektuelle Entscheidung ist Unsinn, sie führt niemals zur Handlung. Jede willentliche Veränderung ist nur mit Disziplin möglich. Ohne Disziplin fallen Sie immer wieder in alte Gewohnheiten zurück. Ein Aspekt der Disziplin besteht darin, keine negativen Gefühle auszudrücken und nicht in ihnen zu verharren. Wenn Sie sich in dem Augenblick, da ein negatives Gefühl auftritt, Einhalt gebieten, dann haben Sie Disziplin.

Negative Gefühle machen jedes Handeln unmöglich, weil sie das Ergebnis verderben werden. Ihr Verstand weiß, daß er etwas tun will, aber die Gefühle setzen sich zur Wehr. In dem Moment, in dem Sie erkennen, daß negative Gefühle Ihr Handeln boykottieren, beginnt die Anstrengung: Sie können nicht umhin, die Gedanken, Gefühle und Worte unter dem Gesichtspunkt der Handlung zu überprüfen. Denn was nützt es Ihnen, wenn Sie an eine Tätigkeit mit den Worten herangehen: »Es macht mir überhaupt keinen Spaß, aber ich weiß, daß ich es erledigen muß, um weiterzukommen.« Und dann machen Sie sich ohne Power, murrend und lustlos an die Arbeit. Damit ist nichts gewonnen, denn die negativen Gefühle suchen nach immer neuen Auswegen, um auf dem bequemen Weg weitergehen zu können. Solange die negativen Gedanken nicht überwunden sind, kann die Handlung nicht fortgesetzt werden.

Wenn du nicht weißt,

Wenn Sie sich entschlossen haben, Anstrengungen zu unternehmen, um in der für Sie richtigen

wohin du gehst, wie kannst du erwarten, dort anzukommen?
BASIL S. WALSH

Weise zu handeln, sollten Sie sich selbst regelmäßig daran erinnern. Faulheit, Gewohnheiten und negative Gefühle unterbrechen unser Handeln, und wir vergessen. Dann erinnern wir uns wieder an das, was wir wollen, und vergessen erneut. Es ist notwendig, daß Sie sich den Entschluß zum Handeln immer wieder vergegenwärtigen. Erinnern Sie sich immer wieder daran, was Sie erreichen und was Sie dafür tun wollen.

Der »gute Wille« allein reicht nicht. Der »gute Wille« ist eine Hure, abhängig von den vielen kleinen Wünschen, die sich jeden Tag neu ergeben. Ich will ein Auto kaufen, ich will ein Haus kaufen, ich will ausruhen, ich will früh schlafen gehen, ich will mir einen schönen Tag machen, etwas erleben, den Freund besuchen… Eine Unmenge kleiner Wünsche, die Sie immer wieder in eine andere Richtung treiben und nichts miteinander zu tun haben.

Der Wille ist die Linie der miteinander verbundenen Wünsche. Da sich unsere Wünsche dauernd ändern, führt diese Linie mal nach links, mal nach rechts, geht ein Stück geradeaus, um dann erneut wieder die Richtung zu wechseln. Oft versäumen Sie Gelegenheiten, die Ihrem Handeln dienlich wären, weil ein plötzlich erwachter Wunsch, der nichts mit Ihrem Handeln zu tun hat, Sie davon abhält. Aber eine einmal versäumte Gelegenheit läßt sich nie mehr durch irgend etwas anderes ersetzen.

Wenn es Ihr Wille ist, das Handeln in eine bestimmte Richtung zu lenken, dann sollten Ihre Wünsche eine gerade Linie verfolgen, an deren Ende die erstrebte Handlung steht. Der Wille kann stärker werden, wenn der Mensch an sich arbeitet und seinen Willen dazu bringt, das angestrebte Handeln als Leitlinie seiner Wünsche zu akzeptieren. Solange Sie Ihrem Willen nicht befehlen, werden Sie ihm gehorchen müssen.

Der Preis des Erfolges ist Hingabe, harte Arbeit und unablässiger Einsatz für das, was man erreichen will.
FRANK LLOYD WRIGHT

Nehmen Sie ein großes Blatt Papier, und schreiben Sie als Überschrift Ihr Handlungsziel darauf. Dann teilen Sie es in drei senkrechte Spalten. In die linke Spalte tragen Sie am Ende eines jeden Tages ein, was Sie unternommen haben, um diesem Ziel näherzukommen. In die rechte das, wozu Sie zwar die Gelegenheiten hatten, was Sie aber nicht getan haben. Alles andere, was Sie im Laufe des Tages getan haben, schreiben Sie als Stichwort an einer x-beliebigen Stelle in der mittleren Spalte auf. Nach einer Woche haben Sie eine gute Übersicht, wie stark Ihr Wille auf das Ziel ausgerichtet ist.

Der Wille läßt sich nicht erzeugen, solange Sie nicht eine gewisse Disziplin akzeptieren. Ihr Wille braucht Disziplin. Versuchen Sie nicht, ihr zu entrinnen. Denn ohne Disziplin ist es unmöglich, sich zu verändern. Wenn Sie sich unentwegt daran erinnern, was Sie wollen, und darüber nachdenken, wie Sie es erreichen, werden Sie mehr und mehr Gründe finden, warum Sie sich anstrengen wollen. So wird sich Ihr Wille in eine Richtung bewegen und stärker werden. So werden Ihre negativen Gefühle, die sich jeder Anstrengung widersetzen wollen, nach und nach verschwinden. Und so werden Sie das, was Sie tun, gerne tun, weil es Sie Ihrer Vision näher bringt.

Strategie der kleinen Schritte

Ihr Handeln kann ein langer und schwieriger Weg werden. Sie sind nicht sicher, was Ihnen unterwegs begegnen wird, und Sie wissen nicht, ob Sie sich unterwegs ausruhen können. Sie sollten sich für diesen Weg gut vorbereiten. Vergessen Sie nichts, was notwendig ist, und schätzen Sie Ihre Kräfte ein. Reichen Sie aus für diesen langen Weg? Die Ansprüche, die Sie an sich stellen, sollten mit Ihrer Kraft übereinstimmen. Meistens bestimmt man sein Handlungsziel in die völlig richtige Richtung, nur liegt es noch in weiter Zukunft, oder es ist so groß, daß es Ihnen unmöglich erscheint, jemals dort anzukommen. Dann besteht die Gefahr, daß Sie glauben, es niemals erreichen zu können. Und je mehr Sie darüber nachdenken, um so mehr Gründe werden Sie entdecken, die dem tatsächlich entgegenstehen.

Erfolg hat nur, wer etwas tut, während er auf den Erfolg wartet.
THOMAS A. EDISON

Gehen Sie Schritt für Schritt vorwärts, wenn Sie im Leben anders handeln möchten. Auch die kleinen Dinge wollen erledigt sein. Beginnen Sie mit kleinen Anstrengungen. Jede kleine Anstrengung läßt Sie die eingeschlagene Richtung besser erkennen, eröffnet neue Verständnismöglichkeiten und vermittelt neues Wissen. Nur so werden Sie sich verändern und andere Einstellungen gewinnen. Sie bemerken, daß Sie etwas bekommen und sich fortbewegen, statt stillzustehen.

Handeln beinhaltet immer eine Reihe von Anstrengungen, eine einzelne Anstrengung reicht nicht. Nur eine ununterbrochene Kette von Anstrengungen unterstützt Ihr Handeln und bringt Sie Ihrer Vision näher. Wenn Sie Pianist werden wollen, können Sie das Klavierspielen auch nur nach und nach erlernen. Ohne vorher intensiv geübt zu haben, werden Sie den Tasten höchstens eine unerträgliche Disharmonie entlocken. Ein Klavierkonzert können Sie erst dann spielen, wenn Sie lange Zeit viele Anstrengungen aufgewandt haben.

Wir können niemals die schwierigen Dinge meistern, wenn wir nicht die leichten beherrschen. Zu jeder Stunde gibt es Dinge, die wir beherrschen könnten, ohne es zu tun. Wir denken verträumt an das, was wir wollen, und versuchen doch immer wieder, den kleinen Anstrengungen, die uns dorthin führen, aus dem Weg zu gehen. Sie erscheinen uns müßig, lästig, unsinnig.

Kleine Anstrengungen lehren Sie, mit großen Anstrengungen umzugehen. Konzentrieren Sie Ihre Aufmerksamkeit auf das, was Sie unmittelbar umgibt. Alles, was Sie tun, hinterläßt eine Spur, die das zweite Mal erleichtert, und jeder Schritt erzeugt eine Zugkraft. Sollte dann die Notwendigkeit einer großen Anstrengung auftreten, werden Sie fähig sein, sie im richtigen Augenblick zu unternehmen.

Anstrengungen sind unsere Währung, mit der wir den Erfolg bezahlen. Wenn wir etwas erreichen wollen, sind Anstrengungen der Preis. Ergebnisse können nur der Stärke der Anstrengungen und der Zeit, die wir dafür aufwenden, entsprechen. Der Weg des Handelns ist schwer, und der Aufstieg wird immer steiler. Aber die Kräfte nehmen ebenfalls zu. Mit jeder Anstrengung härtet der Mensch sich ab, und mit jedem Schritt erweitert er seinen Horizont.

Ohne Fleiß kein Preis!

1. Legen Sie fest, welche Handlung für Sie zur Zeit die wichtigste ist.
2. Überprüfen Sie, ob Sie diese Handlung in kleinere Zwischenschritte aufteilen können.
3. Fragen Sie sich nach den Anstrengungen, die notwendig sind, um die kleinste der Handlungen erfolgreich abzuschließen.

✍

Epilog

Vor einigen Jahren hatte ich das Vergnügen, im Rahmen eines Seminars mit neun Geschäftsführern ein Projekt auf Mallorca durchzuführen. Inhaltlich sollte der Unterschied herausgearbeitet werden zwischen dem Risikoscheuen, der jeden Mißerfolg vermeiden möchte, und dem Mutigen, der Initiative und unternehmerisches Denken in seiner Arbeitswelt beweist. Die Herren Geschäftsführer hatten sich gerne zu einem Abenteuer besonderer Art einladen lassen. Sie wollten auf dieser Insel etwas ausprobieren, was sie normalerweise nicht tun, was die Norm sprengt, nicht zu ihrer Rolle paßt. Was das jedoch sein würde, das sollte eine Überraschung sein.

Das ganze Unterfangen startete mit einer recht angenehmen Spazierfahrt in eine Gegend, in der es weder Straßen noch Wege gab. Dort wurde es ernst, denn nun sollte jeder alleine weitergehen und sich innerhalb von sieben Stunden an einem vorher vereinbarten Treffpunkt wieder einfinden. Die Sache hatte allerdings einen Haken: Die Rückkehr war mit der Aufgabe verbunden, unterwegs soviel Geld zu verdienen, daß jeder sein Abendessen bezahlen und Champagner für alle spendieren konnte.

Das Experimentierfeld war die ganze Insel. Jeder konnte für sich bestimmen, wie er sein Geld verdienen wollte. Allerdings unter der Voraussetzung, daß dafür eine Leistung erbracht wird. Und was ganz wichtig war: Was immer sie taten, sie durften es nicht auf Kosten anderer Menschen tun.

Alle Wertgegenstände, Scheckkarten oder Bargeld gaben sie ab und versprachen zusätzlich, sich weder durch Telefonate noch Betteleien auf leichte Weise Geld zu verschaffen. Als einzige Sicherheit erhielt jeder von ihnen einen Zauberkoffer. Denn ich hatte es mir angewöhnt, in den Pausen einfache Zaubertricks vorzuführen und zu erklären. Also hatten sie auf jeden Fall die Möglichkeit, damit etwas Geld zu verdienen.

Und dann standen die Herren da, noch sicher im Kreis der Gewohnheiten, und waren aufgefordert, die rote Linie zu überschreiten, Bekanntes und Vertrautes hinter sich zu lassen und absolutes Neuland zu betreten. Wahrscheinlich dachten sie, die Übung sei ein Witz, oder der Trainer, in diesem Falle ich, sei verrückt geworden. Sie projizierten das, was sie nicht leisten wollten, auf etwas anderes.

Doch das Experiment funktionierte! Jeder hatte bis zum Abend ausreichend Geld verdient und damit wahnsinnige Dinge erlebt, die an Herausforderung und Spaß weit über das hinausgingen, was sie sich hatten vorstellen können. Die Teilnehmer erzählten, schon lange nicht mehr diese innere Freude, diese Spannung, diese machtvolle Kraft verspürt zu haben. Manche meinten sogar, sie seien seit mindestens 20 oder gar 30 Jahren nicht mehr mit einem solchen Feuer an eine Aufgabe herangegangen. Ungewöhnliche Herausforderungen verlangen ungewöhnliche Methoden.

Und alle bewiesen mit dieser Übung eins: Wenn man einmal angefangen hat, wenn man eine Aufgabe in Angriff genommen und die rote Linie überschritten hat, ist die Angst vor der Herausforderung verschwunden. Während des Handelns gibt es keine Angst.

Es ist völlig absurd, welche Ideen der Verstand entwickelt, wenn man den Kreis seiner Gewohnheiten verläßt, etwa: Bestimmt werden die Leute mich auslachen, wenn ich ihnen derart lächerliche Zaubertricks vorführe, und sicher werden sie nicht auch noch dafür bezahlen. Diese oder ähnliche Gedanken werden die Teilnehmer wohl gehabt haben. Aber nichts dergleichen passierte: Die Leute haben geklatscht, und sie haben sogar für die Leistung gezahlt.

Die Herren der Geschäftsführung machten auf Mallorca die Erfahrung, daß gar nichts Schlimmes geschieht, wenn man den

Mut hat, über die rote Linie seines Lebens zu gehen und den Kreis der Gewohnheiten zu verlassen. Was allerdings passiert, das ist aufregend und spannend! Jede Herausforderung, die ein Mensch annimmt, wird sein inneres Wachstum fördern, jede Schwierigkeit, die er bewältigt, wird ihm das Ausmaß seiner Personal Power bewußt machen. Der Mut zum Handeln läßt Lebensträume und -visionen nicht länger unerreichbar erscheinen; er holt sie in greifbare Nähe und kann sie Wirklichkeit werden lassen.

Danke

Danke den Menschen, die die Idee für Personal Power in persönlichen Gesprächen mitentwickelt haben.

Danke den nationalen und internationalen Seminarleitern, von denen ich lernen durfte.

Danke den Kunden, die mir ermöglichten, Personal-Power-Seminare durchzuführen. An der Kritik, an Einwänden, an der Zustimmung bin ich gewachsen.

Danke den Autoren, die sich im In- und Ausland mit diesem Thema beschäftigen und die indirekt meine Lehrmeister sind.

Danke an meine Frau Caty und meine Tochter Lara, die dafür sorgen, daß ich Personal Power lebe und nicht theoretisiere.

Danke Brigitte Garwisch für Stil- und Grammatik-Überarbeitung, für das Gefühl, Dinge im richtigen Kontext zu sehen.

Danke Manuela Eckstein für das Lektorat und die orientierende Führung.

WOLF W. LASKO

Literatur

Angelis, Barbara de: Happy together, Wilhelm Heyne Verlag, München 1992

Attar, Farrid Ud-Din: Vogelgespräche, Ansata Verlag, Interlaken 1998

Aundh, Rajah von: Das Sonnengebet, Artha-Verlag, Kleinjörl o. J.

Bennett, John G.: Die Meister der Weisheit, Verlag Bruno Martin, Südgellersen 1993

Berne, Eric: Was sagen Sie, nachdem Sie guten Tag gesagt haben?, Fischer Taschenbuch Verlag, Frankfurt am Main 1993

Beyer, Maria M.: Power Linie, Junfermann Verlag, Paderborn 1992

Bono, Edward de: Edward de Bonos Denkschule, mvg Verlag, München 1990

Bono, Edward de: Laterales Denken für Führungskräfte, McGraw Hill, Hamburg 1986

Das unpersönliche Leben, Verlag Dem-Wahren-Schönen-Guten, Baden-Baden 1985

Brück, Horst: Seminare der Gefühle. Rowohlt Verlag, Reinbek bei Hamburg 1986

Cameron-Bandler, Leslie; Lebeai; Michael: Die Intelligenz der Gefühle, Junfermann Verlag, Paderborn 1991

Carse, James P.: Endliche und unendliche Spiele, Klett Cotta Verlag, Stuttgart 1986

Chandler, Charlotte: Ich, Fellini, Herbig Verlag, München 1994

Chang, Jarma C. C.: Die buddhistische Lehre von der Ganzheit des Seins, Barth Verlag, Bern, München, Wien 1989

Csikszentmihalyi, Mihaly: Flow, Klett Cotta Verlag, Stuttgart 1992

Dörner, Dietrich: Die Logik des Mißlingens, Rowohlt Verlag, Reinbek bei Hamburg 1991

Eder/Eggelsberger: Das neue Kopftraining der Sieger, Orac Verlag, Wien, München, Zürich 1991

Ertel, Henner: Lebe deine Gefühle, Econ Verlag, Düsseldorf, Wien, New York, Moskau 1992

Ein Kurs in Wundern. Greuthof Verlag, Gutach im Breisgau 1994

Gebelein, Helmut: Alchemie, Eugen Diederichs Verlag, München 1991

Ghasali, Al: Das Elixier der Glückseligkeit, Eugen Diederichs Verlag, München 1993

Goodmann, Felicitas D.: Wo die Geister auf den Winden reiten, Bauer Verlag, Freiburg im Breisgau 1993

Grof, Stanislav: Die Chance der Menschheit, Kösel Verlag, München 1988

Gurdjieff, George I.: Gurdjieffs Gespräche, Sphinx Verlag, Basel 1982

Hawking, Stephen W.: Einsteins Traum, Rowohlt Verlag, Reinbek bei Hamburg 1993

Herriegel, Eugen: Zen in der Kunst des Bogenschießens, Barth Verlag, Bern, München, Wien 1985

Hesse, Hermann: Das Glasperlenspiel, Suhrkamp Taschenbuch Verlag, Frankfurt 1979

Hesse, Hermann: Narziß und Goldmund, Suhrkamp Taschenbuch Verlag, Frankfurt 1958

Hurtak, J. J.: Die Schlüssel des Enoch, Academy for Future Science, Brienz 1990

Jayakar, Pupul: Krishnamurti. Leben und Lehre, Verlag Hermann Bauer, Freiburg im Breisgau 1988

Kafka, Peter: Das Grundgesetz vom Aufstieg, Carl Hanser Verlag, München, Wien 1989

Kelder, Peter: Die Fünf Tibeter, Integral Verlag, 1989

Killinger, Barbara: Ich habe leider keine Zeit, Heyne Verlag, München 1994

Klein, Nicolaus; Dahlke, Rüdiger: Das senkrechte Weltbild, Hugendubel Verlag (Kailash), München 1986

Konfuzius: Gespräche des Meisters Kung (Lun Yü), Deutscher Taschenbuch Verlag, München 1991

Kopp, Wolfgang: Befreit euch von allem, Ansata Verlag, Interlaken 1991

Krishnamurti, Jiddu: Antworten auf Fragen des Lebens, Verlag Hermann Bauer, Freiburg im Breisgau 1992

Krishnamurti, Jiddu; Bohm, David: Vom Werden zum Sein, Barth Verlag, Bern, München, Wien 1978

Lakhovsky, Georges: Das Geheimnis des Lebens, Verlag für Ganzheitsmedizin, Essen 1981

Lama, Dalai: Das Buch der Freiheit, Bastei Lübbe Taschenbuch Verlag, Bergisch-Gladbach 1990

Laszlo, Ervin: Die inneren Grenzen der Menschheit, Horizonte Verlag, Rosenheim 1988
Laszlo, Ervin: Evolutionäres Managemant, Paida Verlag, Fulda 1992
Lauster, Peter: Persönlichkeit, Econ Verlag, Düsseldorf, Wien, New York, Moskau 1993
Long, Max Freedom: Geheimes Wissen hinter Wundern, Verlag Hermann Bauer, Freiburg im Breisgau 1986
Love, Jeff: Die Quantengötter, Rowohlt Taschenbuch Verlag, Reinbek bei Hamburg 1987
Mann, Rudolf: Der ganzheitliche Mensch, Econ Verlag, Düsseldorf, Wien, New York, Moskau 1991
Mc Lean, Penny; Meiser, Hans-Christian: Ich bin mein Schicksal, Verlag Peter Erd, München 1993
Meads, Chip: People Growth, AAAA, New York 1979 (American Association of Advertising Agencies)
Murphy, Michael: Der Quanten-Mensch, Integral Verlag, Wessobrunn 1994
Ornstein, Robert: Multimind, Junfermann Verlag, Paderborn 1990
Ouspensky, P. D.: Tertium Organum, Barth Verlag, Bern u. München 1980
Ouspensky, P. D.: Auf der Suche nach dem Wunderbaren, Barth Verlag, Bern, München, Wien 1982
Ouspensky, P. D.: Bewußtsein und Gewissen, Sphinx Verlag, Basel 1982
Quint, Josef: Deutsche Predigten und Traktate, Diogenes Taschenbuch Verlag, Zürich 1979
Reed Gach, Michael: Zehn Wege zu zehnmal mehr Energie, Aurum Verlag, Braunschweig 1991
Roberts, Jane: Die Natur der persönlichen Realtität, Ariston Verlag, Genf 1985
Sacharow, Yogi-Raj-Boris: Das Große Geheimnis, Drei Eichen Verlag, Engelberg, München 1981
Scheidt, Jürgen vom: Der Weg ist das Ziel, Knaur Verlag, München 1989
Schneider, Wolf: Die Sieger, Sternbuch im Verlag Gruner + Jahr, Hamburg 1993
Schott, Barbara: Lust statt Frust, Junfermann Verlag, Paderborn 1992
Schutz, Willi: The Truth Option, 10 Ten speed Press, Berkeley California 1984
Schutz, William C.: Freunde, Rowohlt Taschenbuch Verlag, Reinbek bei Hamburg 1983

Schwartz, David J.: Die Wunderwirkung großzügigen Denkens, Ariston Verlag, Genf 1983

Shah, Idries: Karawane der Träume, Sphinx Verlag, Basel 1982

Silva, Jose: Silva mind control, Heinrich Schwab Verlag, Argenbühl-Eglofstal 1983

Smothermon M. D., Ron: Transformation statt Veränderung, Context Verlag, Bielefeld 1991

Smothermon M. D., Ron: Drehbuch für Meisterschaft im Leben, Context Verlag, Bielefeld 1986

Stevens, John O.: Die Kunst der Wahrnehmung, Chr. Kaiser Verlag, München 1975

Taylor, Shelley E.: Positive Illusionen, Rowohlt Verlag, Reinbek bei Hamburg 1993

Walters, Derek: Die Kunst des Wohnens (Feng-Shui), Barth Verlag, Bern, München, Wien 1993

Watzlawick, Paul: Menschliche Kommunikation, Verlag Hans Huber, Bern, Stuttgart, Wien 1980

Wetering, Janwillem van de: Der leere Spiegel, Rowohlt Taschenbuch Verlag, Reinbek bei Hamburg 1981

Yutang, Lin: Die Weisheit des Laotse, Fischer Taschenbuch Verlag, Frankfurt am Main 1955

Ziegler, Bodhigyan: Vision der Freude, Goldmann Verlag, München 1992

Zukav, Gary: Die tanzenden Wu Li Meister, Rowohlt Taschenbuch Verlag, Reinbek bei Hamburg 1991

Register